講談社選書メチエ

604

精読　アレント『全体主義の起源』

牧野雅彦

MÉTIER

目次

『全体主義の起源』諸版について

『全体主義の起源』には多数の版が存在するが、主なものをあげると以下のようになる。

初版：Hannah Arendt, *The Origins of Totalitarianism*, New York: Harcourt, Brace and Company, 1951

ドイツ語版：Hannah Arendt, *Elemente und Ursprünge totaler Herrschaft*, Frankfurt am Main: Europäische Verlagsanstalt, 1955（初版そのままのドイツ語訳ではなく、大幅な加筆修正が加えられている）

英語版第二版：Hannah Arendt, *The Origins of Totalitarianism*, 2nd ed., New York: World Publishing Co., Meridian Books, 1958（ドイツ語版に付けられた結論部第一三章「イデオロギーとテロル」を改訂し、さらにハンガリー革命についての省察を第一四章「エピローグ」として加えている。ただし、初版からの加筆・変更は主に第三部に限定され、第一部と第二部はほぼ初版が継承されている）

以後、第一部、第二部、第三部それぞれに序文が付された三分冊版 Hannah Arendt, *Antisemitism: Part One of The Origins of Totalitarianism; Imperialism: Part Two of The Origins of Totalitarianism; Totalitarianism: Part Three of The Origins of Totalitarianism*（いずれも New York: Harcourt, Brace & World, 1968. 第一部・第二部の“Preface”の日付は“July 1967”、第三部のやや長い“Introduction”は“June 1966”）をはじめとして多数の版が出されているが、「エピローグ」が省略されている他は、本論部分に基本的な変更はない。現在、最も入手が容易だと思われる一巻本ペーパーバック版（Harvest Book, Harcourt Brace Jovanovich, 1973）

は、初版ならびに全三分冊の序文（第三部も"Preface"と表記されている）が巻頭に付されている他は、基本的に第二版と同じ頁立てである。

邦訳は、英語版ではなくドイツ語版を底本とし、英語三分冊版の序文と英語版「エピローグ」ならびに英語版からの翻訳が適宜挿入されている。ハナ・アーレント『全体主義の起原1　反ユダヤ主義』大久保和郎訳、みすず書房、一九七二年、『全体主義の起原2　帝国主義』大島通義・大島かおり訳、みすず書房、一九七二年、『全体主義の起原3　全体主義』大久保和郎・大島かおり訳、みすず書房、一九七四年。

わが国では邦訳がドイツ語版に基づいていること、またアレント自身がドイツ語を母語としているという事情から、ドイツ語版が決定版のように受けとめられているが、それ以降に出された英語版の諸版での修正加筆は主として第三部にとどまり、ドイツ語版に基づいて全面改訂されているわけではない。なるほどアレントの英文には意味が取りにくい箇所がみられるが、ドイツ語版の方は多弁になりすぎて全体の論旨が読み取りにくいところも散見される。したがって、本書では初版を基礎に本文中にその頁数を「p. ***」として示し、邦訳の概ね該当する箇所についても、(1)~(3)で巻数を、漢数字で頁数を併記した（ただし、訳文は邦訳版とは異なるし、内容上も厳密に対応していない。対応する文章がない場合、あるいは内容上も対応関係が明確でない場合は邦訳の頁数を指示しない。むしろ邦訳＝ドイツ語版との異同を示すものと理解されたい）。なお、ドイツ語版は「S. ***」の形で、英語版第二版は「2nd ed., p. ***」の形で箇所を示してある。

なお、最新版であるHannah Arendt, *The Origins of Totalitarianism*, Introduction by Samantha Power, New York: Schocken Books, 2004は、版組が全面的に改められている他は参考文献や諸版の異同等についての情報が提示されているわけではないので、特に参照指示はしなかった。前記したように、Harvest Bookの一巻本ペーパーバック版で初版との大まかな対応関係は判るはずである。

英語版（ドイツ語版も）は全体の章番号を統一（邦訳は第一部、第二部、第三部ごとに章番号をつけている）

し、章題や章内部の若干の変更はあるものの、その全体的な構成は初版以来変更されていない。したがって、本書では邦訳ではなく英語版の章番号を用いる。

『全体主義の起源』英語版初版　内容目次

第三部　全体主義

＊英語版第二版では第一三章以下は次のように変更されている。

序章 アレントと『全体主義の起源』

「全体主義」という謎

ハンナ・アレント（一九〇六―七五年）の生涯のテーマが「全体主義」との対決にあったことはよく知られている。ナチズムとスターリニズムという、二〇世紀がもたらした最大の謎にして災厄にアレントが最初に取り組んだ書物が『全体主義の起源』であった。

ヒトラー（一八八九―一九四五年）のナチス・ドイツとスターリン（一八七八―一九五三年）のソビエト・ロシアというイデオロギーも社会的基盤もまったく異なる体制を「全体主義」という概念で一括して論ずることについては、従来からさまざまな批判がなされてきた。第二次世界大戦後の米ソ対立の文脈においてソビエト・ロシアをナチスと同列におくのは「冷戦思考」であるという批判は、いまなお根強い。[1]他方でそれはまた、ベルリンの壁の崩壊と東西冷戦体制の終焉とともに『全体主義の起源』という書物もその役割を終えたという評価につながる。しかしながらそうした評価はいずれもアレントが本書で問題にしていたこと、そして「全体主義」という概念で論じようとしたことの核心を捉えそこなっている。

アレントのいう「全体主義」とは、ファシズムと共産主義を包括する概念ではなく、それぞれの中から出てくる独特かつ深刻な支配の現象形態を指している。共産主義体制における共産党の一党独裁がただちに全体主義ではないし、ファシズム体制がそのまま全体主義に当てはまるわけでもない。イタリアのファシズムは典型的な全体主義とは異なる（後に全体主義の特徴を帯びるけれども）ということをアレントは繰り返し強調している。アレントの「全体主義」概念は、イタリアのファシズムとドイツのナチズムを一括する「ファシズム」概念とはまったく異なる問題設定に基づいているのである。[2]後に本論で述べるように、アレントにとって「全体主義」はなによりも「運動」であり、特定の体制に収まりきらないところにその本質があった。政治学の意味での政治体制であれ、あるいは資本主義とコミュニズムという意味での体制であれ、「体制」という、特定の支配原理からする安定的支配やその原理という観点からは捉えきれない現象なのである。[3]スターリンの「全体主義」というのも、一九三〇年代にロシアのボリシェヴィキ指導部内の権力闘争でスターリンが勝利を収めた後に確立されるいわゆるスターリン体制よりは、体制の枠そのものを乗り越えていく——体制維持の観点からみればむしろ破壊的な——運動を指している。

アレントが問題にしていたのは、ナチス支配下の絶滅収容所におけるユダヤ人の「最終解決」のような、人間そのものの破壊にまで行きつく異例の事態であり、通常の体制や秩序の安定というような合理的、功利主義的な論理、あるいは軍事支配や警察支配の論理を明らかに踏み越えた現象であった。これまでの政治体制論の間尺では理解できない自己破壊的な現象そのものこそ、二〇世紀が生み出した最大の問題なのであり、いまだかつて人類が経験したことのない異様な支配と虐殺のシステムにわれわれは直面しているのではないか、というのがアレントの問題提起であった。そうしたアレントの問いかけに正面から応えようとせずに、既存の体制論の観点からなされる批判はいずれも的を失している。

もとよりアレントのこの問いは未完の問いであって、『全体主義の起源』においても（その後の著作でも）完全な答えが提示されているわけではない。全体主義という、戦争の世紀としての二〇世紀に登場して、今日にいたる戦後世界のあり方を決定づけている現象に対して、あらかじめ特定の結論をもって、それに役立つ知見や理論を取りだそうという読み方からは本書は理解不能となるだろう。全体主義という現象の新しさとおぞましさに本当に驚嘆し、考えをめぐらそうとする人間に向けて本書は開かれているのである。

「非体系性」の神話

『全体主義の起源』は、アレントの主著（少なくともその一つ）と目されている書物であるにもかかわらず、正面から論じられることの少ない著作である。『人間の条件』や『革命について』といった著作をめぐって多数の研究や解説書が出されている今日のアレント研究においても、『全体主義の起源』に検討が及ぶことは意外なほど少ないし、その内容全体について正面から論じたものはあまり見あたらない。

　その最大の理由は『全体主義の起源』という著作が明確な体系を欠いているように見えることにある。『全体主義の起源』はさまざまな歴史的事象についての記述、個別的な議論の集成であって、一貫した方法に基づいて構成された書物ではないという指摘がしばしばなされている。[4]そうした「非体系性の神話」のきっかけとなったのは、アレントの良き理解者であったカール・ヤスパース（一八八三―一九六九年）がドイツ語版冒頭に掲げた序言であろう。ヤスパースは三部から成る『全体主義の起源』のうち、第一部「反ユダヤ主義」、第二部「帝国主義」をとばして、全体主義を論じた第三部を先に読むことを推奨している。まずは全体主義の特徴を押さえた上で、そこから遡る形で第一部、

第二部を読んだ方がいいというのである。[5]

そうした理解は『全体主義の起源』という書物の形成過程のうちに一定の根拠を有している。すでに第二次大戦中からアレントは、ナチズムのユダヤ人迫害の原因をめぐって考察を重ねていたが、当初はナチズムを「人種的帝国主義」として、第二部「帝国主義」の延長線上に位置づけていた。絶滅収容所におけるユダヤ人問題の「最終解決」という事実に直面して、それまでに例のない新たな現象としての「全体主義」を第三部で扱うことになったのである。したがって「全体主義」に収斂する構成要素とその起源を遡るものとして第一部、第二部を位置づけるというのはまずは順当な理解のように思われるからである。

さらに改訂に伴う事情がこれに加わる。『全体主義の起源』は一九五一年の初版以降、一九五五年にアレントみずからの手になるドイツ語版、さらに一九五八年の英語版第二版と改訂がなされている。そこでは第三部「全体主義」を中心にかなり大幅な加筆修正が施され、末尾にはそれまでの「結語」に代えて「イデオロギーとテロル」という章が新たにつけ加えられている。[6]先に述べたヤスパースの助言ともあいまって、これまでは第三部と結論部分の「イデオロギーとテロル」を中心に全体主義の本質が論じられ、第一部、第二部については、個別的な関心から一部が論じられることはあっても、全体がどのような論理で構成されているのかはほとんど問われてこなかった。

しかしながら『全体主義の起源』の内容が第三部、とくに改訂で新たに付加された「イデオロギーとテロル」に尽きるとするならば、[7]『全体主義の起源』という著作はアレントの主著であるどころか、たんなる草稿集、後の議論を理解する際に参考にすべき論文の寄せ集めということになる。そうした理解からは、第一部、第二部から第三部にいたる議論の筋道、『全体主義の起源』という書物全体を通してアレントが何を問題にしていたのかは明らかにならないだろう。

政治理論と歴史

『全体主義の起源』という書物を検討する際に留意せねばならない今ひとつの問題は、本書のいう「起源」とは何かということである。いいかえれば『全体主義の起源』を政治理論の書として読むのか、あるいは全体主義の歴史的分析の書として読むのか、アレントにおける政治思想あるいは政治的思考における理論と歴史とはいかなる関係にあるのか、という問題である。『全体主義の起源』が何を問題にしようとしていたのか、アレントはエリック・フェーゲリン（一九〇一―八五年）の批判に答えるかたちでこう述べている。

> 私がしたこと――私がこれまで受けてきた知的訓練と自分の思考方法に従ってともあれできただろうこと――は、全体主義の主要な要素を見いだしてこれを歴史的な観点から分析すること、それらの要素を適切かつ必要だと思われる限りで歴史的に遡って跡づけることであった。つまり、私は全体主義の歴史を書いたのではなくて、歴史的な観点からそれを分析したのである。反ユダヤ主義や帝国主義の歴史を書いたのではなく、ユダヤ人に対する憎悪や帝国主義的な拡張という要素を、それらの要素が全体主義という現象の中に依然として明確に見いだすことができるし、また決定的な役割を果たしている限りにおいて分析したのである。したがってこの本は本当

は——その書名が不幸にして主張しているように——全体主義の「起源」を扱っているのではなく、全体主義へと結晶していった諸要素を歴史的に説明しようとしているのである。それらの説明に続いて全体主義運動と全体主義支配そのものの基本的な構造についての分析がなされる。全体主義の基本的な構造は本書の隠れた構造をなすものであり、他方でより表立った統一は全体を赤い糸のように貫くいくつかの基本的概念によって与えられている。[8]

『全体主義の起源』は反ユダヤ主義、帝国主義についての「歴史」ではないし、全体主義の「起源」を扱っているわけではないというこの発言を受けて、多くの研究者はアレントがこの書で試みたのは歴史研究ではなく政治理論の提示であるという解釈を示している。[9]

たしかにアレントが『全体主義の起源』で試みているのは、第一部「反ユダヤ主義」、第二部「帝国主義」のそれぞれの事象あるいは出来事についての歴史的叙述ではない。第三部「全体主義」においてもヒトラーやスターリンの権力掌握過程そのものについてはまったく論じられていない。そうした歴史研究の手法をアレントが採らなかった背景には、全体主義という現象にはそのような方法は相応しくないという問題意識があった。いま自分が対象としているのは「起こるべくして起きたこと」ではなく「決して起きてはならなかったこと」であり、長く記憶に留めるべき出来事や業績を記録するという伝統的な歴史叙述の対象にはなりえない。かりに肯定的な評価を離れた客観的な歴史的因果関係の分析であったとしても、ナチズムやスターリニズムの成立にいたる過程を「歴史的必然」の名の下に正当化することになる。全体主義という現象の分析と記述には、従来とはまったく違った方法が採られなければならないというのである。[10]

しかしながらアレントが右の反論で明確に述べているのは、『全体主義の起源』という書物が「全体主義」という現象の「歴史的分析」の書であること、全体主義の成立にいたる諸要素の歴史的な形成や展開、それに関与した要因の分析、相互の影響関係の分析を意図した書物だということである。『全体主義の起源』が試みているのは、「全体主義」に連なる要素のたんなる羅列ではないし、ナチズムとスターリニズムのそれぞれの要素のたんなる比較でもなく、それらの諸要素が「全体主義」という特異な現象へと「結晶」していく過程についての分析である。ここでアレントは「結晶」という言葉を、法則的な必然性とは異なり、政治的その他の事情、関係する行為者たちのあり方によっては別様でありうるという選択可能性の意味を込めて用いているが、いずれにせよそこで意図されているのは、やはり歴史的な因果関連の探究なのである。[11]

このことはアレントの政治思想の特質を理解する上で決定的に重要である。政治についてのアレントの思考はつねにその事象のおかれた歴史的・具体的条件や、歴史的な相互関連・比較を視野に入れてなされている。アレントの政治思想あるいは政治理論[12]は歴史的・具体的事象との対決を通じて形成され、歴史的事象の理解のありかたによって試される、そのような性質のものであった。[13]『全体主義の起源』を読む鍵もここに求めることができるだろう。本書の中に何か特定のカテゴリーや概念の体系的展開を求めても徒労に終わるだけである。そうではなくて、背後にある歴史的事実を踏まえて、全体主義へと「結晶」していく諸要素の関連、「結晶」を可能あるいは制約・阻止した諸条件、それらの比較といった連関を読み解いていくことが必要なのである。

そこで本書では『全体主義の起源』という書物を、第一部から第三部に至る順序と編成にしたがって、そこに示されている歴史的な連関、比較と因果連関の構図をできるだけ浮かび上がらせるかたちで読んでいくことにしたい。その際にはまず英語版初版の内容を検討した上で、ドイツ語版および英語版第二版での改訂の際に第三部の結論としてつけ加えられた「イデオロギーとテロル」論文、ならびに英語版「エピローグ」で論じられるポスト・スターリン体制の問題を展望する。

まずは『全体主義の起源』にいたるアレントの歩みを簡単にたどってみることにしよう。

第一章

『全体主義の起源』以前のアレント

生い立ちからヨーロッパ脱出まで

ハンナ・アレントは一九〇六年一〇月一四日、ドイツ・ハノーバー郊外のリンデンで、ユダヤ系の富裕な中産階級の家庭に生まれた。家族は伝統的なユダヤ教の慣習を堅持する正統派ではなく、後に(カントゆかりの地である)東プロイセンのケーニヒスベルクに移ってからも、東欧系の貧しい正統派ユダヤ教徒との交流はなかったという。後に述べるようにヨーロッパ人として「同化」していく西欧のユダヤ人と、いわゆる「東方ユダヤ人(Ostjuden)」との関係は、シオニズムをめぐる路線上の対立ともからんで、ユダヤ人の内部対立の背景となっていく。

マールブルク大学でハイデガー(一八八九―一九七六年)、ハイデルベルクでヤスパースの教えを受ける。とくに恋愛関係にあったといわれるハイデガーの思想的影響はしばしば議論の対象となってきた。[1] ヤスパースの下で『アウグスティヌスにおける愛の概念』で博士学位を取得した後に、ユダヤ人女性でドイツ貴族と結婚してサロンを主宰していたラーエル・ファルンハーゲン(一七七一―一八三三年)についての著述をはじめる。そこにはユダヤ人としての自己意識が投影されている。

一九三三年、ナチスの政権掌握とともに出国しパリへ向かう。シオニストとして活動していたクルト・ブルーメンフェルト(一八八四―一九六三年)とはすでに一九二六年から交流していたが、彼の要請もあって一九三五年から三八年にかけて滞在していたパリで青少年のパレスチナ移住を援助する「青年アリヤー」の活動に携わる。その後シオニズムとは次第に距離を置くようになるが、ユダヤ人問題の政治的・実践的解決は彼女の生涯の関心事であり続けた。開戦によって対独関係が緊張するに伴いフランス政府により敵国人とみなされて収容所に収監されるが、一九四〇年六月ドイツ軍のパリ占領の混乱に乗じてヨーロッパを脱出し、一九四一年五月二二日ニューヨークへ渡り、そこでマイノリティとしてのユダヤ人のために論陣を張ることになった。

ヨーロッパ民族問題の結節点としてのユダヤ人問題

アレントにとってユダヤ人問題はヨーロッパにおけるマイノリティ・民族的少数者の問題であった。一九四二年に発表された論説「諸民族の和解のための方法」でアレントは次のように述べている。

> フランス革命から生まれてナポレオンの勝利に満ちた軍隊によって確立されたヨーロッパ諸国民の世界は完成しなかった。大きな諸国民によって十全な政治的・経済的発展を妨げられた小さな民族が、第一次世界大戦を点火することになるあのダイナマイトを形成していたのである。ユダヤ人問題はこの未解決のヨーロッパの民族問題の一部である。ユダヤ人、ヨーロッパの諸民族の中でただ一人自分たちが定住する地域を確立できなかった彼らは、抜きんでたマイノリティ(die Minorität par excellence)、どこでも少数であり、どこでも多数になれない存在であった。ユダヤ人問題は、ヨーロッパの政治に疎遠で無関係な問題であるどころか、ヨーロッパのすべての未解決の民族問題を象徴するものとなったのである。[2]

フランス革命によって誕生した国民国家を基本単位とするヨーロッパ世界はその内部に民族問題、諸民族の国家帰属（nationality）、民族的少数者をめぐる問題を抱えていた。ユダヤ人問題は最初の世界大戦の引き金となった民族問題の一部であり、いわばヨーロッパの国民国家体制の矛盾の中心に位置している。[3] ユダヤ人が他の民族的少数者と異なるのは、彼らが「母国（Mutterland）」をもたないからである。彼らはどこにも帰るべき故郷、頼るべき母国をもたない唯一の少数者、その意味において他と際立った少数者なのである。そうした「抜きんでたマイノリティ」としてのユダヤ人が政治的に解放される、民族としての権利が保障される、そうした希望を与えるものこそ、主権国家にとってかわる「新たなヨーロッパの連邦制的システム」であった。

> 国民というものは国境の内部に定住することによって形成され、領土によって保護される、という観念は決定的な修正を被りつつある。経済的・政治的に本当に維持することができるような空間は恒常的に拡大している。領土への所属の観念が諸国民のコモンウェルス（einen Nationenverband）への所属の観念に取って代わられて、このコモンウェルス全体ではじめて政治が決定される時代がほどなくやってくるだろう。[4]

そのような連合体がヨーロッパで形成されたならば、そこでユダヤ人はヨーロッパの国民（europäische Nation）として認められて、「ヨーロッパ議会」に代表を送ることができる。領土の帰属と切り離された諸国民の連合においてはじめて民族少数者の政治的権利は十分なかたちで保障されることになるだろう。ヨーロッパの民族問題の解決策としてのヨーロッパ連邦の形成によってユダヤ人問題の解決も展望することができるとアレントは考えたのである。

ナチスとの闘争とヨーロッパ諸民族の連帯

ナチスのユダヤ人に対する迫害はヨーロッパ国民国家体制の崩壊によって現出した民族少数者問題の極限的帰結であると同時に、解決への展望をも与えるものであった。

> ヒトラーがユダヤ人も民主主義者も地球的規模で絶滅しようと決意しているのが確かであるのと同様に、そうした意図を阻止するためには脅威に曝された者たちが自らの手で自分たちの生存を守るべく決意するしかない、ということもまた確かなことなのである。殺害の脅迫を受けた人間が、逃げ道として自殺を勧める友人を信用してはならないように、ユダヤ人も集団的な安全を守る最も確実な方法は集団的に自殺することだと説得する偽の友人を信用してはならない。
>
> われわれが連合諸国民（United Nations）に求めるのは、ナチスのテロ機構に抑圧されている多くのヨーロッパ諸民族がすでに表明している連帯をわれわれに示すことに他ならない。われわれが望んでいるのは、受けた苦難が「復讐」されるだろうという約束ではない。われわれは戦うことを望む。われわれが望むのは慈悲ではなく、正義である。[5]

いまこそユダヤ人は武器を取ってヨーロッパ解放の戦いに参加する。これはユダヤ人にとってかつてなかった解放のチャンスである。諸民族の自由と民主主義の敵に対する戦いに参加することによってはじめてユダヤ人は自らの政治的解放を勝ち取ることができる。そうした観点からアレントは「ユダヤ軍」の創設を支持している。ユダヤ軍はまずはパレスチナ防衛のためのものだとしても、ユダヤ民族が他の民族と対等平等な一国民（nation）として連合軍に加わることがその主な目的である。「ユダヤ人にとって譲り渡すことのできない人権の一つはユダヤ人として生き、必要とあらばユダヤ人として死ぬ権利である。人がその存在を守ることができるのはまさに攻撃されている当の人格としてのみである」[6]。ヒトラーとの「本当の戦争」は、手を拱《こまね》いていれば誰かが助けてくれるという幻想を払拭した。「彼らが学んだのは、自ら武器を取らなければ――ユダヤ人として、イギリスのすべての同盟国に見えるようにユダヤの旗の下にユダヤ人の戦闘隊列を組んで戦わなければ――、自分自身もイギリスをも助けることにはならないということである」[7]。いまやユダヤ人は受動的なパーリア的存在から脱却することを学びつつある。ワルシャワ・ゲットーの蜂起はその最後の教練であった。

　一九四二年七月二二日にゲットーから絶滅収容所への大規模な移送が開始されたが、ナチスが当初怖れていた抵抗は起こらなかった。「二万から四万のユダヤ人が進んで移送に協力した。ポーランド地下組織の警告のビラを無視して。住民たちは『恐怖と熱狂的な希望の間に囚われて』いた。ある者は『立ち退き』は単なる移住にすぎないかもしれないと期待し、ある者は自分は措置の対象にならないだろうと高をくくっていた。人々は抵抗が確実な死を意味することになると怖れていたし、抵抗すればゲットーの大量処刑が行われるだろうと怖れた者もいた。ユダヤ人の一般的意見は抵抗よりも幻想の方を選んだので、戦うことを望んだ少数の者はそうした責任を取ることに怯《ひる》んだのである」。ドイツ側はそうした幻想に基づく期待と恐怖を利用し、ユダヤ人を分断しつつ移送を進めるが、ほどなく「国外追放の目的地についての真実が漏れてきて、再入植についてのあらゆる幻想が破壊された」。だがそれにもかかわらず、抵抗は起きなかった。闘争組織が形成されて彼らの手に武器が渡ったのはその年の一二月終わりから四三年の初めになってからであり、当初ゲットーにいた五〇万のユダヤ人のうち生き残っていたのはおよそ四万人にすぎなかった。一時休止されていた移送が再開されて、完全武装の親衛隊がドイツとラトヴィア警察を伴ってゲットーに進軍してくる。外部から遮断された孤立無援のゲットーで、数ヵ月間にわたって戦士たちはゲットーの住民を組織して戦い続けたのである。それはポーランド政府が正当にも「ユダヤ・ドイツ戦争」と呼ぶにふさわしいものであった。[8]

こうしてユダヤ人はナチスとの公然たる戦争の相手として登場することになった。ユダヤ人はまさに闘争の中でみずからの政治的な存在を取り戻しつつあるとアレントは見たのである。

無人地帯からの客人

レジスタンス戦線に参加しているユダヤ人たちが、ヨーロッパ諸国民と連帯しつつ、彼らと並ぶ一つの民族としてユダヤの旗の下に闘うこと。これがアレントの求めたものであった。だがここでもまたヨーロッパ・マイノリティ問題におけるユダヤ人の特殊性に彼女は直面することになる。

彼らは無国籍者（stateless）だが、彼らが分類されるのはただ敵対的な異邦人（aliens）としてである——あたかも無人地帯（no-man's-land）が他国に宣戦布告できるかのように。彼らはイギリス軍に従軍することを許されるが、同時にいずれは彼らも本国へ——彼らが戦っている共通の敵国へ——送還することが議論される。数万人の、いやおそらく数十万人のユダヤ人がヨーロッパの地下運動のいたるところで活躍している、個人的な同志として、あるいはユダヤの部隊でまとまって。だがどの亡命政府も自分たちの故郷の解放を支援している外国籍や無国籍のユダヤ人をどう処遇するのか明らかにすることまでは思いがいたらない。彼らはユダヤ人として攻撃され、追放され、殺されているのに、そしてこれらの民族に属することを望んでさえいないこともあるのに、ユダヤ人として反撃することはできないのである。明らかにどの民族にも属していないために、彼らは人に異様な印象を与えることになる。他人の同情にまったく依存した無防備で丸裸の人間（naked mere-humanity）という、まったく非人間的な印象を。[9]

ユダヤ人は連合諸国民と共に闘っているにもかかわらず、敵でも味方でもない「無人地帯からの客人」として扱われ、他の諸民族と対等の存在としていまだ認められていない。彼らはあいかわらず無国籍者として、人間としての権利も保護もまったく奪われた存在であり続けている。ベルリンが陥落して（一九四五年四月三〇日にヒトラー自殺）、ヨーロッパでの戦いが終結を迎えようとしていた一九四五年四月二〇日の論説でアレントは述べている。

ユダヤ民族は四月二五日にサンフランシスコに集まることになる四四ヵ国の中に代表をもたない。われわれがこの会議の本当の意味をどう判断しようとも——アラブ諸国を含む一連の国家は、扉が閉まる直前に宣戦布告することが重要だと少なくとも考えたのだが――戦勝国がわれわれにこの会議のテーブルの席を与えるのを拒否したことはユダヤ民族の威信にとって深刻な損失である。

　勝利と講和の組織に見かけだけでも参加する名誉を与えられなかったことからしてすでに酷いことだが、なお悪いのは、原則的に参加を拒否された結果われわれが今一度かつての公式の助言者の役割、非公式の影響力行使の方法に戻るのを強いられることだ。というのも世界全体が知っているように、われわれの格別の関心と要求は、個人としてでもアメリカのユダヤ教信者としてでもなく、民族として何らかの形で代表されることだからである。[10]

　ユダヤ人は連合国による戦後の秩序再建のための会議から排除されようとしている。こうして問題は再び「抜きんでたマイノリティ」としてのユダヤ人の特殊性に戻ってくる。ユダヤ人が敵でも味方でもない存在であり続けるのは、結局のところ彼らが帰るべき故郷（Heimatland）をもたないからである。ユダヤ人らが十全な政治的存在たり得ず、無防備で異様な「丸裸の人間」であり続けているのは、彼らが依拠すべき母国（Mutterland）をもたないからである。すべての権利と保護を剥ぎ取られた「丸裸の人間」、『全体主義の起源』第二部の最終章で論じられる「無国籍者」の問題は、アレント自身の経験に基づいていた。

ユダヤ人の故郷を求めて――民族問題の連邦制的解決

それでは「故郷」や「母国」をもたないユダヤ人にとって根本的な解決策はどこにあるのか。アレントにとって民族問題の解決のモデルの一つと考えられたのがソビエト連邦であった。一九四二年九月の論説ではこう述べている。

> ロシア革命は民族政策の追求においてフランス革命によって始まった解放をその論理的帰結にまでおし進めた。今日それは連邦（Union）憲法の内に定着していて、この憲法は反ユダヤ主義をソビエト社会主義共和国連邦（ＵＳＳＲ）を構成する一民族に対する攻撃と見なして、窃盗や殺人と同じく社会に対する犯罪として追及し処罰するのである。もしソ連が別の惑星の存在で、ロシア・ユダヤ人の運命が世界のユダヤ人から独立しており、世界ユダヤ人もまたロシア・ユダヤ人とは無関係であったとしたら、われわれはロシア・ユダヤ人の民族的解放について語ることができただろう――彼らは個人としてでなく民族として解放された最初のユダヤ人であり、市民権のために民族への所属を放棄するという代価を払わなかった最初の人々だからである。[11]

個人としてではなく民族がその権利を保障されるソビエトの連邦制こそ、国民国家の原則に拘束されない民族問題の連邦制的解決のあり方を示すものである。もとよりソビエト連邦についてのアレントのこうした評価がどこまでそこでのユダヤ人や民族問題の実態に即しているのかという問題は残されているし――一九三六年の憲法は『全体主義の起源』において検討の今ひとつの対象となるスターリン体制の確立を画するものとされる――、ロシアのユダヤ人が民族として他のユダヤ人とは別の存在であるならばという限定が付けられているのであるが、ともあれ一九四二年時点のナチスとの闘争とヨーロッパ諸民族の解放という文脈においては、ソ連における民族問題の連邦制的な解決は、特定の土地に拘束されないユダヤ人が民族として権利を保障される一つのモデルとされていたのである。

　そうした連邦制的な解決はソビエト連邦に特殊なものではない。一九四三年二月の論説「シオニズムの危機」でアレントはこう述べている。

> 　これとは対照的に、合衆国はどんな革命も経ることなく、ただ事態の自然の成り行きによって同じ構想に非常に近づいてきている。アイルランド人がアイルランド人であると同時にアメリカ人であり、イタリア人がイタリア人であると同時にアメリカ人であるのと同様に、ユダヤ人は自分たちがアメリカ人であると同時にユダヤ人でありうるということを誰よりもよく承知している。合衆国大統領は「アメリカのユダヤ民族（jewish people of America）」に語りかけた――いいかえれば、大統領みずからこの政府が連合した諸州（united states）の政府であるだけでなく連合した諸民族（united peoples）の政府であるかのように表現したのである。[12]

　アメリカ合衆国はその実質において「諸州の連合」としての連邦であるのみならず「諸民族の連邦」になりつつある。だがまさに「諸民族の連邦」の理想に近づきつつあるアメリカにおいても、先に述べたようにユダヤ人は「故郷」、「母国」をもたない存在、「無人地帯からの客人」でありつづけていたのであった。「諸民族の連邦」としてのアメリカ合衆国において、ユダヤ人が他の諸民族と対等の地位を確保するためにも、やはりなお「母国」が必要である。一九四一年一二月の論説でアレントはこう述べている。

> アメリカのユダヤ人にとって、パレスチナはヨーロッパの母国となりうる。他のすべてのアメリカの民族と異なり、彼らはこれまで母国なしでいなければならなかったのだ。ヨーロッパのユダヤ人にとっては、パレスチナは国際的規模でのユダヤ政治の結晶点の一つとなるとともに、その国民的組織の核心となるような入植地域を形成しうるのである。[13]

ちょうど他のアメリカの諸民族の多くがヨーロッパにその母国をもっているのと同様に、アメリカのユダヤ人にとってパレスチナは「ヨーロッパの母国」となる。同時にそれはヨーロッパのユダヤ人にとっての「故郷」となるだろう。このようにしてはじめてユダヤ人は、ヨーロッパの、そして世界の他の諸民族・諸国民と対等の存在となりうる。こうアレントは考えたのであった。[14]

パレスチナ分割とイスラエル建国

だがユダヤ民族の「故郷」パレスチナへの入植も困難をもたらしていた。[15] 一九四五年四月一二日に亡くなったルーズベルトの後任として大統領に就任したトルーマンは、一九三九年のマクドナルド白書以来のパレスチナへのユダヤ人移民制限を維持するイギリス政府に対して、一〇万人のユダヤ人難民受け入れの要求を突きつける。[16] イギリス政府の提案に基づいて両国の代表で構成された調査委員会が一九四六年四月に提出した報告書では、パレスチナ以外にユダヤ人の「郷土」要求を満たす国はないが、パレスチナだけではヨーロッパのユダヤ人難民に対応できないことに鑑み（勧告第一）、即時に一〇万人のユダヤ難民をパレスチナに受け入れること（勧告第二）、その際には、ユダヤ人国家でもアラブ人国家でもなく、国際的保障の下にイスラム、キリスト教、ユダヤ教の聖地の利益が保護されるような統治形態が求められること（勧告第三）が勧告されていた。

　この調査委員会案を基礎に英米の調整がさらに進められ、一九四六年六月から七月にかけて両国の専門家の間で――将来的に二民族国家あるいは二国家分離へ含みをもたせた――アラブ人区域とユダヤ人区域の自治州とする「州自治」案が形成される（いわゆるモリソン＝グレディ案）。大統領トルーマンは当初委員会案を受け入れるつもりでいたが、シオニストと政府・議会内の反対のために、自治案への合意を決断することができない。

　他方でパレスチナの治安も悪化していた。現地でテロ活動に関与しているユダヤ人組織に対するイギリス政府の強硬な弾圧姿勢はさらに反英武装テロを激化させる。一九四六年七月には委任統治府のあった「キング・デーヴィッド・ホテル」が爆破されて、アラブ人を含めた九一名が犠牲になった。こうした状況の中で、イギリス政府も打開策を打ち出せない。シオニストの側ではモリソン案を前提にしつつも、パレスチナ分割とユダヤ人国家独立の方向が次第に明確になっていく。他方でアラブ人の側も、少数者としてのユダヤ人の権利を認めつつ、早期の移民停止とパレスチナ単一国家の完全独立を求めていた――アラブ側はあくまでもパレスチナ・ユダヤ人区域の「分割」には反対していた。

一九四七年二月、イギリス政府は委任統治が事実上機能していないことを認め、パレスチナ問題の検討のための臨時総会の招集を国際連合初代事務総長トリグブ・リー（一八九六―一九六八年）に要請する。四月二八日に招集された臨時総会の決定に基づき、中東に利害関係の薄いとされたオーストラリア、カナダ、チェコスロヴァキア、グァテマラ、インド、イラン、オランダ、ペルー、スウェーデン、ウルグアイ、ユーゴスラヴィアの中小一一ヵ国によってパレスチナ特別委員会が構成される（五月一三日）。特別委員会の提出したパレスチナ分割案を一一月二九日の国連総会はアメリカなどの賛成三三、イスラム諸国などの反対一三、英国などの棄権一〇で採択した。[17]

一二月一日決議に抗議してパレスチナのアラブ人が開始したストライキを契機に両者の暴力的衝突は次第に激化し、軍事的動員による事実上の内戦状態に入る。一九四八年一月にはアラブ連盟に支援された「解放軍」がパレスチナに入り、二月にはユダヤ人機関も一八歳から二五歳までの青年の動員を決定する。五月一四日イギリス委任統治最終日にテル・アヴィヴでイスラエル独立宣言が行われ、翌一五日に建国されたイスラエル国家をトルーマンは承認、ソ連も承認するが、イラク、エジプト、ヨルダン、レバノンのアラブ諸国がパレスチナに進軍し、第一次中東戦争が開始される。

第一次停戦発効後に国連調停官ベルナドッテ（一八九五―一九四八年）によってパレスチナ委任統治領全体にわたる連邦案が提起されるが（一九四八年六月一一日）、イスラエル・アラブ双方はこれを受け入れず、ベルナドッテは九月一七日にユダヤ人武装組織によって暗殺され、実現に至らない。一九四九年二月二四日イスラエルとエジプト間、三月二三日レバノン、四月三日ヨルダン、七月二〇日シリアとの間で休戦協定が成立し、イスラエル国家はここに事実上の独立を果たしたのである。

国連での分割案の成立とアラブとの戦争勃発を受けてアレントはあらためて、アラブとの協調以外にユダヤ人の「故郷」を救う道はないと訴えている。「かりにもしユダヤ人が戦争に勝ったとしても、その結果見出されるのはパレスチナの地でのシオニズムの類例のない可能性と業績の破壊だろう。そこに成立する国は世界のユダヤ人、シオニストであれ非シオニストであれ、彼らが夢見たものとは違ったものになるだろう。『勝利した』ユダヤ人はどこもかしこも敵対的なアラブの住民に囲まれて生きていくことになる。絶えず脅かされる国境の中に閉じ込められて、物理的な自衛の必要に追われて他の一切の利益や活動は埋没してしまうほどになるだろう。ユダヤ文化の成長は民族全体の関心事にならなくなる。社会的な実験は非実用的な贅沢だとして放棄される。政治的な思考は軍事戦略に集中し、経済発展はもっぱら戦争の必要に規定される」。パレスチナのユダヤ人は小さな戦士部族に堕落するだろう。ちょうどかつてのスパルタのように。パレスチナのユダヤ人は世界中のユダヤ民族全体から切り離されて、まったく独立の孤立した民族となるかもしれない。かかる状況の下での「ユダヤ国家」の建設は、まさにユダヤの「故郷」を犠牲にすることにほかならない。[18]『全体主義の起源』一九五五年のドイツ語版、一九五八年の英語版第二版で付加された部分にはこう述べられている。

> 唯一解決不能だと思われていたユダヤ人問題はたしかに解決できることが戦後明らかになった――入植した領土を征服することによって。だがこの方法は民族的少数者の問題も無国籍者の問題も解決しなかった。それどころか反対に、今日われわれの世紀の他のすべての出来事と全く同じように、ユダヤ人問題の解決は単に新たな種類の難民、アラブ人難民を生み出しただけであっ

た。それによって無国籍で無権利の者は七〇万人から八〇万人へと増大しているのである。(S. 465; 2nd ed., p. 290／(2)二六九―二七〇頁)

アレントが『全体主義の起源』において、ユダヤ人問題の「最終解決」に導いたナチスの全体主義についての考察を進めていた時期は、まさにイスラエル国家建設をめぐる中東の政治的対立の構図が形成されつつあった時期――アレントにとってはユダヤ人の「故郷」が半ば挫折した時期――でもあったことに留意する必要があるだろう。

他方で、スターリンのソビエト・ロシアは戦後のヨーロッパの再建のみならず、アメリカと肩を並べて戦後世界の構図を左右する存在になりつつあった。一九四七年アメリカ合衆国のマーシャル・プラン発表に応えるかたちでチェコスロヴァキアでは一九四八年二月に「プラハのクーデタ」が起き、非共産党系の閣僚が政権から排除される。ロシアは事実上の共産党独裁を確立して東欧諸国を衛星国化していった。さらにすでに述べたように同年五月のイスラエル建国をソ連は支持している。そうした状況にあって、あらためてユダヤ人としての自らの位置を確認すること。ユダヤ人を「抜きんでたマイノリティ」たらしめ、絶滅にまで導いたものは何であったのか、自らの存亡を賭けて諸民族の共同した戦いに加わったにもかかわらず、戦後の秩序再建から排除され、さらにはパレスチナでのアラブ諸民族との深刻な対立に自分たちを追いやったものは一体何であったのか、『全体主義の起源』には、ユダヤ人としての自己の存在根拠をめぐるアレントの思索が結晶しているのである。

第二章

ユダヤ人と国民国家

――『全体主義の起源』第一部「反ユダヤ主義」

第一節　反ユダヤ主義と全体主義――国民国家を超えて

『全体主義の起源』には序章あるいは序論にあたる章がなく、これが全体の統一感を欠く印象を読者に与える一因にもなっているが、第一部第一章「常識からの逸脱としての反ユダヤ主義」は全体の序論として位置づけられるべき部分である。全体主義を主題とする書物がなぜ反ユダヤ主義から始まらねばならないのか、アレントはこう述べている。

> 多くの人はナチスのイデオロギーが反ユダヤ主義を中心にめぐっていたこと、ナチスの政策が一貫してかつ非妥協的にユダヤ人の迫害を意図してついにはその根絶にまでいたったことは一つの偶然だと考えている。今日のわれわれにとって「ユダヤ人問題」がかくも重要な日々の政治問題となったのは、最終的な破局の恐怖、さらには生き残った者たちが故郷を失い根無し草になったからであり、ナチスが自分たちの主要な発見であり主要な関心事であると主張していたこと――国際政治におけるユダヤ人の役割と世界中のユダヤ人の迫害――は大衆の支持を獲得するための口実か、あるいはデマゴギーの興味深い手段だと世論は考えている。(p. 3／(1)一頁)

ナチスの登場と反ユダヤ主義との間には必然的な関係がある。ナチスのイデオロギーとしての反ユダヤ主義を、たんなる権力掌握のための便宜的手段として軽視するのではなく、ナチスの運動にとって本質的なものとして真剣に受け止めなければならない。ヨーロッパの一小民族としてのユダヤ人という、一見するとそれほど重要性をもたない問題が、どうして全ヨーロッパを巻き込むような破局をもたらすことになったのか。われわれの常識から逸脱したこの原因と結果の食い違いのうちに、ナチスの謎を解くカギがあるとアレントは言うのである。

それではどうして反ユダヤ主義があのような恐ろしい殺人機構を突き動かす原動力となったのか。ユダヤ人の絶滅という途方もない目標に向かって、人々を駆り立ててゆく反ユダヤ主義の本質はどこにあるのだろうか。

> ヨーロッパ国民国家の衰退と同時に反ユダヤ主義運動が興隆したこと、国民に基づいて組織されたヨーロッパの崩壊とユダヤ人の絶滅が同時に起きたこと、……このことは反ユダヤ主義の源泉を示すものとして真剣に受け止められなければならない。近代の反ユダヤ主義は国民国家の発展のより一般的な枠組みの中で考察されねばならないし、同時にその源泉はユダヤ人の歴史の一定の局面、とりわけ一九世紀の間ユダヤ人が果たした役割の内に求められねばならない。もし崩壊の最終段階で、反ユダヤ主義スローガンが帝国主義的拡張と古い政府形態の破壊のために大衆を鼓舞し大規模に組織する最も有効な手段を提供したとすれば、それ以前のユダヤ人と国家との関係の内に一定の社会集団のユダヤ人に対する増大する敵意の手がかりが含まれているのである。(pp. 9-10／(1)一三頁)

近代の反ユダヤ主義はナショナリズムの基盤である国民国家の崩壊とともに登場する。その意味において反ユダヤ主義はたんなるナショナリズムの延長、伝統的な外国人差別や憎悪の急進化などではない。むしろ国民国家を超えるところに反ユダヤ主義とナチズムの共通点、両者が結びつく根拠があった。反ユダヤ主義、帝国主義、全体主義は、ヨーロッパの国民国家とその均衡の体制の解体の中から登場し、その解体を促進してついには崩壊に導く三つの要素なのである。国民国家の衰退と反ユダヤ主義の興隆との相関関係を検証すること。これが第一部の課題となる。

第二節　国民国家体制の展開とユダヤ人

国民国家とユダヤ人の特殊な関係

すでに述べたようにアレントの最大の関心は、一九世紀ヨーロッパにおいて完成される国民国家体制[1]のもとで、ユダヤ人が他の諸民族とは異なる「抜きんでたマイノリティ」の地位に貶められていたのは何故かという問題であった。フランス革命の影響のもとで、ユダヤ人にも他の国民諸階層と同様の市民権の付与が徐々に試みられることになるが、そうした遅ればせの政治的解放は、いずれも両義的なものにとどまった。ユダヤ人の解放は「古いユダヤ人コミュニティの自律性を解体すると同時に、他から分離した集団としてのユダヤ人を意識的に維持し、ユダヤ人に対する特別の制約と特別の権利を廃止すると同時にそうした特権を成長しつつある個人の集団に拡大する」という、平等化と特権付与の二重の過程を意味していたのである。そうした解放の両義性は何よりも国民国家におけるユダヤ人の特異な位置にその基盤を有している。国民国家は、法的・政治的に共通・平等の市民権を与えられた市民の政治的共同体である一方で、その構成員の社会的地位・帰属は第一には階級であるところに特徴があった。[2] ユダヤ人はそうした国民国家を構成する市民・階級の例外となる。彼らは自身の階級を形成せず、どの階級にも所属していない。いいかえれば、国民国家とユダヤ人の独特な関係が彼らの階級システムへの編入を妨げているのである（pp. 12-14／(1)二〇―二二頁）。

宮廷ユダヤ人から国家媒介者へ

それでは、国民国家におけるユダヤ人の特殊な位置は何によってもたらされたのか。第二章第一節「解放の両義性とユダヤ人御用銀行家」では国民国家の発展とユダヤ人との関係を次のように整理している（pp. 14-15）。

(1)絶対王政と宮廷ユダヤ人。一七世紀から一八世紀にかけて絶対君主の庇護のもとで国民国家が徐々に発展していくのと並行して、個別のユダヤ人が宮廷ユダヤ人として上昇していき、国家の事業に資金を提供し、君主との金融取引に従事する。

(2)国民国家の形成とユダヤ人。フランス革命以降、近代的な国民国家の登場によって、それまで宮廷ユダヤ人が君主に提供していた規模をはるかに上回る資本と信用が必要になる。これに応えたのがロスチャイルド家に代表されるユダヤ人銀行家のネットワークであった。彼らの下で西欧・中欧のユダヤ人富裕層の富が組織されるとともに、それまで宮廷ユダヤ人に付与されていた特権が広い富裕層に拡大される。国民国家が全面的に完成されたところでは解放が実現される一方、ユダヤ人が数的劣位や後進性のために特別の集団として組織されていないところでは市民権は付与されないままにとどまった。

(3)帝国主義とブルジョアジーの時代。国民国家とユダヤ人との緊密な関係は、ブルジョアジーの政治的無関心、国家財政一般への無関心に依拠していた。したがって一九世紀の終わりに帝国主義が興隆し、資本主義の海外への拡大がもはや国家の政治的支援なしにはできなくなり、ブルジョアジーの政治的要求が高まるとともに、ユダヤ人は国家関連事業における独占的地位を喪失していくことになる。ユダヤ人は金融アドバイザー、ヨーロッパ諸国家間の仲介人としての影響力を維持するが、一九世紀の御用銀行家や一七―一八世紀の宮廷ユダヤ人ほどの大規模な富やユダヤ人コミュニティの組織は必要とされなくなる。なお政治的・社会的に影響力を維持していた代表的個人としてのユダヤ人の地位は、もはや背後に物質的な裏付けをもたないものとなった。

(4)第一次世界大戦と国民国家体制の崩壊。第一次世界大戦勃発に先立つ数十年に集団としての西欧ユダヤ人は国民国家とともに解体していた。戦後のヨーロッパの急速な衰退はユダヤ人からそれまでの権力を最終的に奪い、富裕なユダヤ人は原子化された個人に解体する。帝国主義の展開とともにユダヤ人の富の重要性は喪失し、諸国家間の勢力均衡と連帯に依拠しないヨーロッパにとって「非国民的で、ヨーロッパを媒介するユダヤ人分子（non-national, inter-European Jewish element）」は、その無用の富ゆえに憎悪の対象、その権力の欠如ゆえに軽蔑の対象となる。宮廷ユダヤ人から出発して国民国家の興隆とともに、国民国家相互の金融・外交の媒介者としての役割を担ってきた西欧ユダヤ人は、帝国主義の時代の到来にともなう国民国家体制の解体とともにその地位を喪失したのである。

　国民国家においてユダヤ人が他の人間集団とは違った独特の位置を占めていた理由は、何よりもまず彼らユダヤ人が単一の国民国家に帰属するのではなく、国家相互の間の媒介者として担ってきた役割にその根拠があった。ユダヤ人は、複数の主権国家によって構成されるシステムとしての国民国家の国際体系の発展と不可分の存在だったのである。ユダヤ人が特定の国民国家の基礎となる社会諸階級に所属しなかったのは、国民国家相互の媒介者としてのユダヤ人の役割の結果であった。ユダヤ人を特殊な集団として維持することは国民国家の利益であり、ユダヤ人自身の自己保存のための利害関心と合致していたのである。政治体としての国民国家との関係によって自己の地位が規定されているという意味においてユダヤ人はまさに「政治的」な存在なのである（pp. 13-14／(1)二〇—二二頁）。

ロスチャイルド家とユダヤ金融網

　国民国家に対する御用銀行家と物資調達者から、講和会議における財政顧問・助言者へというユダヤ人の役割の転換を典型的に示し、またその中心となるのがロスチャイルド（ロートシルト）家である。一八世紀、フランクフルトのユダヤ人金融業者マイヤー・アムシェル・ロートシルト（一七四四—一八一二年）は自らも傭兵賃貸業などで巨額の富を築いていたヘッセン選帝侯と結んで仲介業を営んでいた。アレントの言う典型的な宮廷ユダヤ人であった。ロスチャイルド家の本格的発展は、マイヤー・アムシェルが一八〇〇年に三男ネイサン（一七七七―一八三六年）をマンチェスターに送り出したのを皮切りに、以後息子たちをパリ、ナポリ、ウィーンと本拠地であるフランクフルトに配置したときに始まる。フランス革命とナポレオン戦争は一七世紀以来国際金融の中心であったアムステルダムの衰退とフランクフルトの興隆をもたらすことになり、戦争末期の一八一一―一五年にはイングランドから大陸諸国への資金供与のほぼ半分がロスチャイルド家を仲介して行われ、戦後の諸国再建の際には国家借款のほとんどを独占するようになる。以後ほぼ三世代にわたってユダヤ・非ユダヤ人の競争者を退けてロスチャイルド家の支配を確立したのである。[3]

ロスチャイルド家の国際的金融支配の確立は、他のユダヤ人金融業者やユダヤ人の国家事業の構造を転換する。彼らの資金はロスチャイルド家のネットワークに組織されて集中され、個人金融業者によっては賄いきれない国家事業への資金提供がロスチャイルド家への資金集中によって可能となる。これによって中央ヨーロッパならびに西ヨーロッパのユダヤ人の国際的な連繫と一体性の基礎がつくられることになった（p. 27）。

フランス革命後の国民国家体制とロスチャイルド家を中心とするユダヤ人の金融・外交ネットワークの共存の頂点はドイツ統一過程への彼らの協力であろう。一八六六年の普墺戦争に際して、プロイセン議会が拒絶した資金援助をビスマルクに与えたのがユダヤ人銀行家ブライヒレーダー（一八二二―九三年）であった。これはアレントによれば国民国家に対するユダヤ人の最後の直接的な資金援助である。一八七一年二月のヴェルサイユにおける普仏戦争の講和に際しては、ロスチャイルド家との関係を利用したブライヒレーダーによってフランスの賠償金調達が行われる。ユダヤ人が助言者として顕著な役割を果たした最後の講和であった。[4]

外交的仲介者としてのユダヤ人の役割の最後の名残は、第一次大戦後ワイマール共和国の外相となったユダヤ人実業家ヴァルター・ラーテナウ（一八六七―一九二二年）に見ることができる。ヴェルサイユ条約に基づいて決定された賠償をめぐる彼の交渉が不調に終わったことが、大戦後ヨーロッパ国際関係におけるユダヤ人の位置を象徴しているとも言えるだろう。[5] まさに第一次世界大戦はヨーロッパ国民国家の国際体系の崩壊とその仲介者としてのユダヤ人の役割の終焉の画期となった。

> 反ユダヤ主義的な政府がユダヤ人を戦争と講和の事業に用いないだろうことは明らかである。だが国際舞台からのユダヤ人の消滅は反ユダヤ主義以上に一般的かつ深い意味をもっている。まさにユダヤ人は非国民的な要素であったからこそ、誰もが戦時中に講和の可能性を維持しておこうとしていた間は、誰もが妥協による講和と暫定協定（modus vivendi）を目ざしていた間だけは、ユダヤ人を利用することができた。だが「勝利か死か」が決定的な政策となり、戦争が敵の完全な絶滅を目的とするようになるやいなや、ユダヤ人は役に立たなくなったのである。（p. 21）

近代の本格的な反ユダヤ主義——中世以来のユダヤ人嫌悪と区別されたそれ——はまさにそうしたユダヤ人の仲介者としての役割の衰退とともに生じてきたのである。

第三節　反ユダヤ主義の形成

1　最初の反ユダヤ主義――東欧とプロイセン

国民国家体制におけるユダヤ人の独特の地位が政治的なものに規定されてきている以上、反ユダヤ主義は政治的な問題との関連において考察されなければならない。ユダヤ人問題を――さらには第二部で問題となる人種主義についても――基本的に政治的な現象として分析するというのがアレントの立場である。

> しばしば忘れられていることだが、反ユダヤ感情が政治的な重要性を獲得するのは、主要な政治的問題と結びついた時、あるいはユダヤ人が社会の主要な階級と対立した時だけであるのは明らかである。近代の反ユダヤ主義、中央ヨーロッパや西ヨーロッパでわれわれが知っている反ユダヤ主義は、経済的というよりは政治的な原因に基づいている。これに対してポーランドやルーマニアの複雑な階級状況は民衆による暴力的なユダヤ人憎悪を生み出したのであった。（pp. 28-29／(1)五一頁）

政治的な「反ユダヤ主義」はユダヤ人に対する憎悪一般とは区別されねばならない。そうした伝統的なユダヤ人憎悪の温床となっていたのが、東欧・中欧の「民族混合ベルト地帯」[6]、とりわけポーランドやルーマニアである。[7]「ここでは、政府が土地問題を解決して農民解放によって最小限の平等を国民国家に与えることができなかったために、封建貴族が政治的支配を維持したばかりか中産階級の正常な発展を阻止することに成功した。これらの諸国のユダヤ人は数は多いがあらゆる点で弱い存在であった。彼らは外見的には中産階級の役割の一部を果たしているように見えた。というのも彼らのほとんどは商店主や商人であり、大土地所有者と無産階級の間に集団として存在していたからである」。しかしながらユダヤ人には産業資本主義発展を推進する能力も意欲もなく、他方で政府の側も貴族と大土地所有を清算して中産階級の発展促進に力を入れようとしなかった。こうして本来の中産階級へと発展すべき住民層の利害と対立するユダヤ人に憎悪の目が向けられることになったのである。こうした東欧の状況の内には、後のユダヤ人問題の基本的な構成要素がすでに含まれている。しかしながら「それらの政治的意義はこれらの後進国では制限されていた。そこではユダヤ人憎悪が偏在していて、特定の目的のための武器としてはほとんど役に立たなかったからである」(p. 29／(1)五一―五二頁)。誰もがユダヤ人を嫌っているところでは、反ユダヤ主義は人と人を区別する政治的な基準にはなりえない。その意味においてこれらの諸国の反ユダヤ主義は政治的に主要な争点、その社会の主要な集団間、階級間の決定的対立をもたらすような争点とはならなかったとアレントは言うのである。

政治的な文脈で反ユダヤ主義が最初に登場したのは一八〇七年のナポレオン戦争敗北後のプロイセ

ンにおいてである。改革と解放（一八一二年のユダヤ人解放令）に対する反動からマルヴィッツ（一七七七―一八三七年）を主唱者とする貴族の反ユダヤ主義が登場するが、ウィーン体制と神聖同盟の下でプロイセン貴族が国家への影響力を奪還してからは、貴族の反ユダヤ主義はその政治的意義を喪失して穏健な差別（discrimination）へと変容していくことになる（pp. 31-32／(1)五六―五九頁）。

ドイツにおいて本格的な反ユダヤ主義運動が開始されるのは一八七一年の帝国建設以降である。ドイツ統一過程におけるビスマルクとユダヤ人銀行家ブライヒレーダーとの連携に対する反感も相まって貴族の反ユダヤ主義が再燃する。その代弁者となったのが宮廷牧師シュテッカー（一八三五―一九〇九年）であった。彼の反ユダヤ主義煽動は大衆的な成功を収めるが、その主要な共鳴基盤はもはや貴族ではなく、小商店主、商人、職人などの中産階級であった――シュテッカー自身が下層中産階級の出自である。彼らこそが近代的な反ユダヤ主義の担い手なのである（p. 35／(1)六二―六四頁）。

2　反ユダヤ主義政党

アレントは第二章第三節ならびに第四節で一九世紀の後半期から登場する近代的な反ユダヤ主義の諸相について、ドイツならびにオーストリアとフランスを比較しながら論じている。[8] この三国で一八八〇年代から反ユダヤ主義が興隆する背景には、資本の供給過剰を主要要因とする金融スキャンダルがあった。投資スキャンダルでとりわけ打撃を被った下層中産階級の憎悪は銀行家の多くを占めるユダヤ人に向けられることになる。したがって下層中産階級を共鳴板とする反ユダヤ主義の影響力は工業国ドイツでは相対的に小さく、フランスでは大きな意義をもち、オーストリアはその中間に位置している。彼らの反ユダヤ主義が重要なのは何よりもそれが政治的な意味を帯びていたからに他ならない（pp. 36-37／(1)六七―六八頁）。

> 銀行家としてのユダヤ人の地位は零細な人々に対する貸付にではなく主として国家借款に依拠していた。零細な貸付業務は零細な同業仲間に委ねられて、彼らはそうした業務を通じて豊かで名望ある同胞のための有望な出世の道を準備するのである。下層中産階級のユダヤ人に対する社会的ルサンチマンは爆発の危険に満ちた政治的要素になっていった。というのも激しい憎悪の的となったこれらのユダヤ人たちは政治権力への階段を順調に登りつめていると考えられたからである。ユダヤ人の政府との関係は別の関連でも周知のことではなかったか？　社会的・経済的な憎悪が一方では政治的な論議にこれまで欠けていた激烈な推進力を与えることになった。（p. 37／(1)六八頁）

かくして下層中産階級の社会的・経済的なユダヤ人憎悪は一つの政治的要素となり、政治的イデオロギーとしての反ユダヤ主義と、その担い手としての反ユダヤ主義政党を登場させることになる。彼らは当初から他の政党とは異なり、単なる一政党ではなく、「諸政党の上に立つ政党」たることを目指していた。左翼の革命運動の多くがブルジョアジーの権力に挑戦するにとどまり、国家の政治的権威そのものには手を触れなかったのに対して、反ユダヤ主義政党の多くの綱領は対外政策に対する関心から出発し、攻撃目標を特定の社会階級ではなく国家そのものに置いていた。既存の国民国家の政治的様式そのものの解体を目指すという点で、反ユダヤ主義政党の要求は第二部で論じられる帝国主義運動とも連動していくことになる。反ユダヤ主義運動はナショナリズムとは異なり、すべてのヨーロッパの反ユダヤ主義集団の超国民的な組織を目指していたのである（pp. 38-39／(1)六九―七三頁）。

3　オーストリアとフランスの反ユダヤ主義

下層中産階級を主要な担い手とする反ユダヤ主義運動が政治的舞台に登場するのはフランスにおいてだが、反ユダヤ主義がイデオロギーとして最も明確な形をとって現れたのはオーストリアであった。その背景には多民族国家としてのオーストリア独特の事情がある。

単一の国民国家建設の前提を欠いたオーストリア＝ハプスブルクの二重王国においても、啓蒙的専制から立憲君主制への転換に伴って、近代官僚制をはじめとする国民国家の制度の導入がはかられる。そこでは「近代的階級システムが民族的区分線にそって成長していき、特定の民族が特定の階級あるいは職業と同一視されることになった。ドイツ人は国民国家におけるブルジョア階級と同様の支配的民族となり、ハンガリーの土地貴族は他国の貴族と類似した役割、あるいはそれ以上に顕著な役割を担うことになった。国家機構は可能な限り社会から絶対的な距離を置いて、すべての民族を上から統治しようとした。国民国家がその諸階級に対するようにである。ユダヤ民族は他の社会諸集団と合一せず、独自の民族を形成することもなかった、ちょうど国民国家においてユダヤ人が他の階級と合一せず、独自の階級を形成もしなかったように。国民国家におけるユダヤ人が国家との特別な関係において他から区別されるように、ハプスブルク王室との特別な関係によって彼らは他のすべての民族と区別されたのである」(p. 42／(1)七八―七九頁)。

多民族国家オーストリア＝ハンガリーにおいては国民国家の間の媒介者としてのユダヤ人の役割がいわば一国規模で、他の民族と区別された特権的な集団という、より先鋭化された形で現れることになったのである。オーストリアではユダヤ人御用銀行家の影響力は第一次大戦後まで継続し、一九二九年の大恐慌のドイツ・オーストリアへの本格的波及の第一撃となった一九三一年のロスチャイルド系クレディット・アンシュタルトの破産はまさにオーストリア政府の破産と同義であった。したがって国家と諸階層・諸民族の対立の激化は、オーストリアにおいてはとりわけ国家と結託した特権集団としてのユダヤ人に対する攻撃に結びつくことになる。第一次大戦の勃発とともに諸民族＝諸階級は国家に対抗するとともに、積極的な反ユダヤ主義に感染することになったのである。そうした反ユダヤ主義イデオロギーの中心的主唱者となったのがゲオルク・フォン・シェーネラー(一八四二―一九二一年)であった。

シェーネラーの反ユダヤ主義

シェーネラーは一八七一年からオーストリア帝国議会で自由主義的な進歩党の議員として活動して

いたが、一八七六年に同党を脱退後、七九年にオーストリアの全ドイツ（汎ドイツ）協会の指導者となる。一八三六年以来ロスチャイルド家が支配していた鉄道の国有化を求めて、一八八六年の営業免許更新に反対する署名活動を展開し六万人の支持を集めると同時に、オーストリア帝室とロスチャイルド家との密接な財政関係を暴き出したのである。その意味においてシェーネラーの反ユダヤ主義は個人的な偏見やユダヤ人憎悪によるものではなく、オーストリア国家とユダヤ人金融業者との結託という政治的経験に基づいていた。そうであるからこそ彼の反ユダヤ主義はドイツの宮廷牧師シュテッカーのような単なるプロパガンダの手段にとどまるものではなく、ナチズムの先駆となるような汎ゲルマン・イデオロギーにまで発展することができたのである。

シェーネラーの反ユダヤ主義イデオロギーにもそれなりの現実性——ユダヤ人金融業者と国家との癒着——があると見ていることはアレントの政治思想を理解する上で重要である。『全体主義の起源』以降のアレントの政治思想は複数の人間によって構成される「世界」の経験的な現実性（リアリティ）に視点をおいて展開されることになるが、反ユダヤ主義のような自己の存在を否定する敵対者のイデオロギーにもそれなりの経験的根拠があることを踏まえているのである。

シェーネラーの反ユダヤ主義運動は実際にはもう一つの反ユダヤ主義政党、一八九〇年代から反ユダヤ主義的煽動によってウィーン市長となっていたルエーガー（一八四四—一九一〇年）指導下のキリスト教社会党に敗北する。反ユダヤであると同時に反カトリックであったシェーネラーと異なり、カトリック政党であったルエーガーのキリスト教社会党は、ハプスブルク帝国解体後のドイツ人共和国の設立を社会民主党とともに担うオーストリア・ドイツ人のナショナリスト政党であり、その反ユダヤ主義はあくまでもナショナリズムの枠内にとどまる。これに対してシェーネラーの汎ゲルマン主義は、本家ドイツ帝国の汎ゲルマン主義がやはりショーヴィニズム（排他的愛国主義）の枠を越えなかったのに対して、中央ヨーロッパ全体の革命的な再組織化を目ざすものとなったのである（pp. 44-45／(1)八〇―八三頁）。本格的な帝国主義との親近性とそこでの民族・国民観念の転換については第二部で論じられることになる。

フランスの一九世紀的反ユダヤ主義

シェーネラーによって展開されたオーストリアの反ユダヤ主義イデオロギーが帝国主義との親近性をもち、ナチズム・全体主義の前身としての性格を帯びているのに対して、フランスのそれはいわば一九世紀段階の反ユダヤ主義にとどまった。第一部第四章で検討されるドレフュス事件は一九世紀に完成された国民国家の条件のもとで成長する反ユダヤ主義のさまざまな要素が全面的に開花したものである。フランスの反ユダヤ主義が典型的な一九世紀イデオロギーの枠内に留まっていたことは、一九四〇年の敗戦後に成立するヴィシー政権のもとでの反ユダヤ主義が――ナチスの理論家から見れば――決定的に古くさいものであって、ナチズムの形成にはなんの影響も及ぼさなかったことに示されている。フランスの反ユダヤ主義政党は、国内の場面では暴力的な性格を示していたにもかかわらず、本来の反ユダヤ主義やナチズムのもつ超国民的志向を欠いていたのであった。フランスにおいて本格的な帝国主義政党が欠如していたこと、いいかえれば国民国家を超えるような帝国主義政策の本格的展開が欠けていたことが、一九世紀的国民国家の完成態としてのフランスの特徴であり、ドレフユス事件で示された反ユダヤ主義の早期の爆発とその収束の基礎となったのである。[9]

4 「安定の黄金時代」

第一次大戦前の二〇年間に反ユダヤ主義は一時的に衰退する。「安定の黄金時代」と呼ばれる幕間劇の背後には、ヨーロッパの巨大な産業的・経済的発展があった。経済的繁栄は純粋政治的要因の重要性を相対的に低下させ、政府の役割と威信の相対的低下とともにユダヤ人の役割にも関心が払われなくなる。経済発展と大企業の影響力の拡大は、ユダヤ人銀行家の地位を低下させるとともに、ユダヤ人コミュニティにおける彼らの威信と権力も失われていく。ユダヤ人の経済活動も国家金融から独立した様々なビジネスへと拡大していった（p. 51／(1)九五―九六頁）。

さらに重要なのはユダヤ人の職業構成そのものの変化である。経済的な富を獲得したユダヤ人の第二世代の多くは父親たちの職業を捨ててリベラルな職業、とりわけ知的職業に就くことになる。知的文化的職業に就くユダヤ人インテリゲンツィアの増大はドイツとオーストリアで顕著であった。そこでは文化的諸制度のかなりの部分、新聞、出版、音楽、劇場などがユダヤ人の事業となった。彼らユダヤ人知識人たちは個人として、その「名声」ゆえに「例外」として、国境を越えたヨーロッパの「社会」（社交界）に受け入れられる。「逆説的なことに、この国際的な社会はユダヤ人の帰化と同化を承認した唯一の社会であるように見えた。オーストリアのユダヤ人はフランスにおいてはるかに容易にオーストリア人として受け容れられたのである」。ユダヤ人はそうした「社会」を象徴する存在となるとともに、「社会」に受け容れられなかった者たちの憎悪の対象となったのである（pp. 52-53／(1)九七—一〇〇頁）。

繁栄と安定の光彩の下に反ユダヤ主義は政治の表舞台からは姿を消したように見えた。しかしながら社会的局面において次第に醸成されるユダヤ人に対する不安やルサンチマンが第一次世界大戦後に噴出する反ユダヤ主義やユダヤ人に対する暴力へと結晶することになる。第一部第三章「ユダヤ人と社会」では、政治的局面から市民社会に視点を移して、一九世紀市民社会の中でユダヤ人のたどった軌跡が検討される。

第四節　ユダヤ人と社会

近代の解放と平等化の逆説——アメリカの状況

一九世紀末の表向きの繁栄と安定が示しているように、政治的な反ユダヤ主義と社会的な文脈でのユダヤ人差別とは区別されなければならない。

「政治的な議論と単なる反感が並行して発展している時、両者の間の決定的な相違を見いだすことは難しい。しかしながら重要なのは、両者が解放のまさに正反対の局面から成長してきたということである。すなわち政治的反ユダヤ主義はユダヤ人が分離した一体をなしていたが故に生じ、社会的差別はユダヤ人と他のすべての集団との平等性の成長の故に生じてきたのである」。条件が平等になればなるほど、人々の間に存在する現実の相違を説明することはますます難しくなる。「近代の最大の挑戦とそれがもたらす独特の危険は、そこではじめて人々が異なる環境や条件に守られることなく直に対面するということにある。近代の人種的関係を困難にするのはこうした平等の観念なのである。そこでわれわれが扱っているのは、条件の変化によって目立たなくすることが不可能な自然の相違だからである。すべての個人を私の平等な同輩だと認めることが要求されるからこそ、この基本的な平等をお互いに認めたがらない集団間の紛争は著しく残酷な形態を取ることになる」(p. 54/(1)一〇一―一〇二頁)。

　逆説的なことに、社会的・経済的平等が決して達成されなかったヨーロッパではユダヤ人に対する社会的反感はそれ自体としては大きな政治的害悪をもたらさなかった。そこではあらゆる階級が出生による帰属に基づいており、ユダヤ人も同様に特別な排他的集団を形成することによって、そうした社会の枠組みに組み込まれることができたからである。

　これに対してアメリカ合衆国では事情は異なっている。ここでは条件の平等が当然の前提として受容されていて、市民的、政治的、経済的な平等性が行き渡った社会において、特定の社会集団が他から区別して自らを卓越化する(distinction)唯一の方法は差別(discrimination)となる。それゆえ社会的な差別が拡がれば、多民族国家に内在する困難を暴力や暴徒による支配で解決しようとする政治運動を結晶させる危険が存在している（p. 55／(1)一〇四頁）。アメリカ合衆国における反ユダヤ主義の政治的危険についての指摘はドイツ語版では省略されているが、ともあれヨーロッパの典型的な国民国家の階級社会のもとでは社会的文脈での反ユダヤ主義、ユダヤ人憎悪それ自体はただちに政治的な危険をもたらすものではなかった――したがってまず問題にすべきは政治的な反ユダヤ主義の運動を結晶化させる条件である――というのがアレントの基本的な立場であった。[10]

1　同化と「例外ユダヤ人」

すでに述べたようにヨーロッパの国民国家は政治的平等に基づく国家と、階級によって編成された社会のバランスの上に存立しており、これがユダヤ人の社会への受け入れの条件を規定していた。そこでは政治的・経済的・法的な平等圧力に抗して、いずれの諸階級もただちにユダヤ人に対する平等を認める用意はなく、ユダヤ人が社会に受容されるためには、個人として例外的な存在であることが必要であった。個人としてのユダヤ人は「例外ユダヤ人」、つまり「ユダヤ人ではあるけれども、どうもユダヤ人らしくない」という微妙で両義的な存在としてはじめて社会に受け容れられたのである（p. 56／(1)一〇四―一〇五頁）。

そのようなかたちでヨーロッパの非ユダヤ人社会に「同化」していくことができたのは、もっぱら教養あるユダヤ人、その知性によって例外的な存在として認められた少数の人々に限られていた。他方で、宮廷ユダヤ人とその後継者であるユダヤ人銀行家や企業家は、社会に受け容れられなかった。古いユダヤ人コミュニティが次第に解体していくのに伴い、彼らユダヤ人名望家はコミュニティを維持し、ユダヤ人民衆への影響力を維持しようとはしたが、社会的にはそこに属してはいなかった。その意味では彼らもまた「例外ユダヤ人」であった。富の「例外ユダヤ人」は、ユダヤ人民衆とは異なる存在として政府に重用されたのである（pp. 62-64／(1)一二一―一二二頁）。

　したがってフランス革命とユダヤ人「解放」後のユダヤ人の「同化」は、主にユダヤ人第二世代、第一世代が獲得した富を基盤に教養と文化世界で「例外的」な成功を収めた知識人の現象だったのである。[11] オーストリアには一九世紀終わりまでまとまったユダヤ人知識人層は存在していなかったし、フランスでは少数のユダヤ人知識人は知的生活において指導的な役割を果たしていなかったという意味では、「同化」という現象が重要であったのはプロイセン・ドイツにおいてのみであり、しかもその期間は短かった（p. 65）。

　同化ユダヤ人たちは、彼らが上流社会に受け入れられるのは自分たちがユダヤ人であるがゆえにであることをよく承知していた。それゆえ彼らは世間の目から見た普通のユダヤ人、「ユダヤ人一般」との違いを際立たせながら、なおかつユダヤ人であることを示さねばならない。そうした行動様式が独特の「ユダヤ人らしさ（Jewishness）」をつくり出していくことになった。いいかえれば「ユダヤ人であること（Judaism）」は民族や宗教集団ではなく、特定の心理的属性を有する人間集団とその特質になり、「ユダヤ人問題」は一人一人のユダヤ人の個人的な問題となったのである。

「一九世紀ヨーロッパ社会におけるユダヤ人の社会史の形成にとって決定的なことは、どの世代の誰もがある時点でパーリアのまま社会の外に留まるか、それとも成り上がり者となって、出自の秘密を隠すよりはむしろ『出自の秘密とともに彼の民族の秘密を暴露して裏切る』という意気阻喪させるような条件で社会に服従するかを決定せねばならなかったことである」。もとより後者の道は――そもそも隠された秘密などないのであればなおさらのこと――困難である。平均的な同化ユダヤ人の多くは、成り上がり者になれなかったパーリアの悔しさと、仲間を裏切ったという後ろめたさとを心に抱いて、パーリアと成り上がり者の間の社会的に曖昧な存在に留まり続けた。「ユダヤ人一般」には見えないようにしながら「ユダヤ人らしさ」を示す、他者との相違を意味もなく強調するという彼らの困難な努力は、生得的な奇妙さから社会的な疎外にいたる様々なヴァリエーションで解釈されることになるが、これが同化ユダヤ人に独特の心理的複雑さを与え、一九世紀末の脱政治化したヨーロッパ市民社会には魅惑的な異邦人性と映ったのである（pp. 66-67／(1)一二八―一三一頁）。そうした「例外ユダヤ人」として最大の成功を収めた人物が、ベンジャミン・ディズレイリ（一八〇四―八一年）であった。

2　例外ユダヤ人としてのディズレイリ

ディズレイリは同化ユダヤ人の家庭に生まれた。父親は教養ある文筆家で、息子が一三歳の時に英

12 国教会で洗礼を受けさせた。したがって彼はユダヤ人銀行家から資金提供を受ける以外にはユダヤ人のコミュニティともほとんど繋がりをもたず、ユダヤ教やその慣習について経験も知識ももたなかった（pp. 69-70／(1)一三四頁）。

ディズレイリのたどった経路は典型的な中産階級のそれであった。彼は社会的な野心と上昇志向から保守党に加わったが、これは貴族階級と対抗できるだけの自尊心を獲得できなかった中産階級に共通する行動様式である。貴族階級は政治的な意義を次第に喪失していったにもかかわらず、なお社会的な価値基準の決定権を握っていたからである。そこでディズレイリが自尊心のよりどころとしたのがユダヤ人としての存在であった。市民社会の例外的人物、社会的逸脱者としてのユダヤ人に対する好奇の目を利用する術を彼は心得ていた。イギリス人は「成り上がり者の出自であり混血人種であるのに対して、自分はヨーロッパで最も純粋な血統である」。こう主張することによって彼はユダヤ人であることをハンディキャップからチャンスへと転じたのである（p. 72／(1)一三五―一三六頁）。

ディズレイリにあっては、ユダヤ人はすでに宗派や文化集団ではなく、純然たる「人種」に転化している。高貴な血統としてのユダヤ人種というのは、伝統的な意味でのユダヤ人ではもはやなくユダヤ教やユダヤの文化慣習についての経験も知識ももたなかったディズレイリが「例外ユダヤ人」としての役割を演じる中で創りあげた想像の産物なのであった。その意味においてディズレイリの提示するユダヤ人像の内には、後の人種イデオロギーの先駆としての側面が含まれている。同化し世俗化したユダヤ人の中から――神に選ばれたユダヤ教徒の選民性ではなく――ユダヤ人という存在そのものの高貴性・選民性の主張が出てくる。その民族意識を清算したはずの同化ユダヤ人の中からある種のショーヴィニズムが現れる。ディズレイリはそうした逆説を体現した人物であった。

彼はイギリスの帝国主義者でありユダヤのショーヴィニストだった。だが、かなりの程度たんなる想像上の産物にすぎない彼のショーヴィニズムは大目に見てやってもよいだろう。結局のところ「イギリスは彼の想像上のイスラエル」であったのだから。同様にまた、彼のイギリス帝国主義についてお咎めなしで済ますのも難しいことではない。彼の帝国主義は拡張のための拡張をひたすら追求するような態度とは無縁であったし、彼自身は結局のところ「完全なイギリス人では決してなかったし、そのことを誇りに思っていた」からである。これらの奇妙な矛盾はこの有能な魔術師が決して自分自身のことを真剣に考えたことがなく、いつでも社交界で人気を勝ち取るための演技をしていたということを明白に示しているのだが、それが彼独特の魅力でもあった。こうした矛盾は彼のすべての発言に香具師《やし》の熱狂と夢想を持ち込むことになったが、これが彼を後の帝国主義的後継者たちと区別しているのである。マンチェスター派や実業家たちがまだ帝国主義的夢想を受け入れておらず、むしろ「植民地の冒険」には鋭い怒りをもって反対していた時代に彼がそうした夢想や行動をとったのは幸運なことだった。血と人種に対する彼の迷信めいた信仰……はアフリカ、アジアあるいはヨーロッパであれ大量虐殺をもたらすというような疑いをもたれることはなかった。彼はそれほど才能のない文筆家として出発し、たまたまチャンスに恵まれて議員となり、党の指導者、首相、そしてイングランド女王の友人となった一知識人にとどまったのである。(pp. 74-75／(1)一四二―一四三頁)

ディズレイリはヴィクトリア女王の友人としてイギリス帝国へのインドの統合を完成し、さらにはビスマルクを相手に本格的な帝国主義の到来以前のヨーロッパ外交の重要な担い手として活躍したのであった。その意味においてディズレイリは、ヨーロッパ国民国家の国際体系の媒介者として最も成功した「例外ユダヤ人」であり、国民国家の体系をビスマルクとともに完成に導いた立役者であった。[13] だがすでにディズレイリの内に孕まれている次の世紀の萌芽、彼のユダヤ人観の内にある選民性や人種思想との親近性は、彼が完成させたインド植民地統治の大英帝国への包摂ともあいまって、帝国主義の本格的開幕とともに国民国家の国際体系を崩壊へと導いていくのである。

3　一九世紀末パリの社交界とユダヤ人

ディズレイリを一つの典型とする例外ユダヤ人の成功の頂点が（ベンヤミンの言う）「一九世紀の首都」パリにおけるユダヤ人の受容であった。第三章第三節「悪徳と犯罪の間」でアレントは、母がユダヤ人であったマルセル・プルースト（一八七一―一九二二年）の長編小説『失われた時を求めて』の第四篇『ソドムとゴモラ』（一九二二―二三年）を素材に、そこで描き出されたパリの社交界におけるユダヤ人の役割を検討している。フランス革命によって生まれた国民国家の典型都市でのユダヤ人の受容のあり方は、ヨーロッパ市民社会におけるユダヤ人受容の意義と限度を示すことになる。アレントはプルーストが描いているパリの社交界「フォブール・サン＝ジェルマン（Faubourg Saint-Germain）」について、こう述べている。

> 事実、社会が完全に公的関心から解放され、政治それ自体が社交生活の一部分となりつつあった時代についてのこれ以上の証言はない。ブルジョア的な価値が市民の責任感に対して勝利を収めたということは、社交界での幻惑し、魅了する光の反射のうちに政治的問題が解体されるということを意味していた。（p. 80）

一九世紀末のフランスはまさに市民階級が完全な政治的勝利を収めた国であった。だがその勝利が完全であればあるほど、市民階級はその政治的関心を喪失してブルジョア的価値の内に自閉していくことになる。[14] 幻惑させる社交界に半ば身を置いたプルーストは、その最も辛辣な告発者となったのである。

『ソドムとゴモラ』に登場する同性愛者ムッシュウ・ド・シャルリュスは「その悪徳にもかかわらず」、その個人的魅力と古い家名ゆえに社交界に受け容れられる。「以前ならその異常性を誰かに疑われるので避けたような話題——愛、美、嫉妬——についての会話が、いまや彼の見解の『背後にある奇妙で、秘密の、かつ洗練された奇怪な経験ゆえに』熱烈に歓迎される」。ユダヤ人についても同様のことが起きる。例外的なユダヤ人は個人として許容され歓迎されたのである。「いずれの場合にも、社会はその偏見を修正したわけでは毛頭ない。彼らはホモセクシュアルが『犯罪者』であり、ユダヤ人が『裏切り者』であることを疑わなかった。ただ犯罪者と裏切り者に対する態度を変えただけである」。世紀末パリの社交界はユダヤ人を興味深い社会の例外者、同性愛者と同様の悪徳の持ち主として受容、より正確に言えば許容したのであった（p. 81／(1)一五九―一六二頁）。

> 西欧と中欧の社会と国家の両義的な条件のもとでユダヤ人が教養を身につけ、世俗化し同化していった時、彼らは自分たちの出自に含まれていた政治的責任という慎みを失っていった。ユダヤの名望家たちは特権や支配という形ではあれ、まだそれを感じていたのである。ユダヤ人であるという出自は、宗教や政治的な含意がなければどこでも単なる心理的資質に転化してしまい、それ以降はただ徳か悪徳（vice）の範疇でしか考えられなくなるのである。「ユダヤ人であること」を罪と見るような偏見がなければ、それが興味深い悪徳に堕落することはなかったとしても、そうした堕落を可能にしたのはこれを生得的な徳だと考えたユダヤ人自身であったというのもまた真実なのである。（p. 83）

そうしたユダヤ人の存在の「悪徳」への転化は、ユダヤ人にとって潜在的な危険を含んでいた。「ユダヤ人はユダヤ教（Judaism）からは改宗によって逃れることができるが、ユダヤ人であること（Jewishness）からは逃れることができない」からである（p. 87）。世紀末におけるユダヤ人への賛美と裏返しの偏見が問題として噴出したのがドレフュス事件であった。

世紀末社交界でのユダヤ人の役割についての要点は、社交界をしてユダヤ人に門戸を開かせたものはドレフュス事件の反ユダヤ主義だったということであり、ドレフュスの無罪の発見は、彼らの社会的な栄光の終わりを意味したということである。(p. 86／(1)一六九頁)

こうして一九世紀末の反ユダヤ主義の総決算としてのドレフュス事件が『全体主義の起源』第一部を締めくくることになる。

第五節　ドレフュス事件——反ユダヤ主義の予行演習

ドレフュス事件は「われわれの時代の出来事の舞台稽古」(p. 10) であった。そこでは「一九世紀に典型的な反ユダヤ主義の政治的・イデオロギー的側面が全面的に開花する」(p. 45)。後にドイツ、オーストリアで生じることの予兆がそこには示されているにもかかわらず予行演習にとどまったこと、ここに国民国家の典型としてのフランスと、そこでの反ユダヤ主義の一九世紀的性格がある。[15]

1　政治的事件としてのドレフュス事件

まずドレフュス事件の経緯を簡単に述べておこう。一八九四年フランス参謀本部のユダヤ人将校ドレフュスはドイツのスパイ容疑で逮捕され、終身流刑の判決を受ける。審理は非公開で、ドイツの武官に宛てたといわれる書簡だけが「明細書」として公表される。一八九七年一一月クレマンソー（一八四一―一九二九年）はドレフュス擁護の戦いを開始し、作家エミール・ゾラ（一八四〇―一九〇二年）も有名な論説「われ弾劾す」を翌年一月クレマンソーの新聞『オロール』に掲載する。ドレフュス擁護の再審請求の高まりと、軍諜報部員アンリ大佐がドレフュス関係文書を偽造したことを告白して自殺したことを受けて破毀院は調査委員会を設置する。

一八九九年六月破毀院は原判決を破棄し、八月に再審が開始される。九月にドレフュスは情状酌量により一〇年の禁固とされ、数週間後に大統領特赦を受けた。一九〇〇年四月の万国博覧会を控えて議会の圧倒的多数は再審に反対しており、同年一二月に大赦によりすべての関連審理は処理される。

一九〇三年にドレフュスは新たな再審請求を開始するが、請求はクレマンソーが首相に就任するまで無視された。一九〇六年七月に破毀院は原判決を無効としてドレフュスの無罪を認めたが、ただし破毀院は軍事法廷での再審を要求してそこで無罪を確定する権限をもたなかったため、事件は法的には終結しないままに終わった（pp. 89-90／(1)一七二―一七四頁）。

> ドレフュス事件がその広い政治的局面において二〇世紀に属するとすれば、ドレフュス裁判、アルフレッド・ドレフュス大尉の関連訴訟事件は一九世紀の典型的事件である。というのも人がその法的手続きを厳しく追求するのは、いずれの訴訟の段階でも試されていたのが法の前の完全な平等というこの世紀最大の成果だったからである。(p. 91／(1)一七五―一七六頁)

ドレフュスの訴訟事件そのものは法の前の平等の問題をめぐる国民国家の典型的な事件であるのに対して、再審請求をめぐる一連の政治的事件は後にナチスというかたちで現れる反ユダヤ主義の先触れであった。「それゆえドレフュス事件というのは風変わりで完全には解決されなかった『犯罪』、付け髭とサングラスで変装した参謀将校が馬鹿げた偽造文書をパリの夜の路頭で密売するという事件以上のものなのである。その主人公はドレフュスではなくクレマンソーであり、舞台はユダヤ人参謀将校の逮捕ではなくパナマ事件から始まることになる」(pp. 94-95／(1)一八一頁)。

2　第三共和政の政治と社会

フランスにおける反ユダヤ主義の契機となったのが、パナマ運河開鑿会社をめぐる金融スキャンダルであることは、一九世紀末の時代の変化を象徴している。

地中海と紅海を結ぶスエズ運河を開通に導き（一八六九年）、西洋世界と中東・アジアの交通と地政学的状況に大きな転換をもたらした――一八七五年にディズレイリ統治下のイギリスはスエズ運河会社の筆頭株主となる――レセップス（一八〇五―九四年）はさらに一八八〇年、大西洋と太平洋をむすぶパナマ運河の開鑿に着手したが、技術上の問題や黄熱病の蔓延、資金難などの理由で工事は難航する。会社は一八八八年に富籤つき債券を発行するが翌年二月に倒産する。一八九二年、債券発行に際して政府の承認を得るために会社が多数の議員に賄賂を贈っていたことが発覚し大規模な疑獄事件になった。フランスはパナマ運河開鑿から手を引き、その開通はアメリカに委ねられる。一八八〇―八八年の間に一三億三五五三万八四五四フランにのぼる中産階級の零細資金を集中していたパナマ運河会社の破産と政府・議会の贈賄事件が、反ユダヤ主義的煽動が浸透する絶好の機会をもたらしたのである。

運河会社にも議会にもユダヤ人はいなかったが、レーナック（一八四〇―九二年）とエルツ（一八四五―九八年）という二人のユダヤ人が議会政党との仲介役を果たしていた。レーナックは一八八〇年代から内密に政府の金融アドバイザーをしていた関係で、パナマ運河会社にも関与していた。エルツは自身が繋がりをもたない急進党との仲介にレーナックを利用する一方で、そこで得た情報を種にレーナックを脅迫して、さらに深入りさせていく。破産の直前にエルツは議会工作のために六〇万フラン以上の金額を受け取っていたが、社債は承認されず宙に浮くことになる。エルツの脅迫の結果レーナックは自殺に追い込まれるが、死ぬ前に反ユダヤ主義者エドゥアール・ドリュモンの創刊した日刊紙『リーブル・パロール』に収賄議員の名簿を渡していた。かくしてパナマ事件は反ユダヤ主義煽動の焦点となり、同紙はこの事件の報道で三〇万部の最大新聞となったのである[16]（p. 96／(1)一八一―一八四頁)。

パナマ事件をめぐる金融スキャンダルが巨大な疑獄事件に発展した背景には、国家事業に対するユダヤ人の地位と役割の変化がある。王政復古から第二帝政の時期には、国家金融に対するロスチャイルド家の独占支配は、ナポレオン三世の庇護を受けたペレール兄弟のクレディ・モビリエの挑戦を退けるほど強力であった。第三共和政の成立はユダヤ系銀行の支配を揺るがしたが、それでもなお一八八二年には、ユダヤ系銀行を破産させるために設立されたカトリックのユニオン・ジェネラル銀行が破綻に追い込まれている。[17] 一八七〇年の敗戦による第二帝政の崩壊の際にも、講和と賠償をめぐってロスチャイルド家がドイツのブライヒレーダーと連繋して重要な役割を果たしていたことはすでに述べた。

しかしながら第三共和政の確立後、ロスチャイルド家はその時々の政権や体制と協調するそれまでの政策を転換し、共和政に反対して公然と王党派を支持するようになる。その結果、ロスチャイルド家はユダヤ人に対する統制を喪失したのである。敗戦の混乱、経済的崩壊とも相まって、そこに新参者が挑戦するチャンスが生まれる。レーナックはドイツ生まれのユダヤ人で、イタリアで男爵となりフランスに帰化していた。エルツもまたバイエルン生まれの両親をもち、フランスで生まれ米国に渡りそこで財産と市民権を得ている。彼らはそれまでロスチャイルド家によって統制されていた国家との連携関係の緩んだ隙に割り込んでいったのである。かくして国家とその機構に代わってそれぞれの政党が特定のユダヤ人の仲介人と結びつく。ビジネスと政治との間の腐敗の温床がここに生まれる。「腐敗した体制にたかるこれらの寄生虫たちは徹底して堕落した社会に対して危険なアリバイを提供することになった」(pp. 95-99／(1)一八一―一八九頁)。

総じて見れば、一八七〇年の普仏戦争の敗戦はフランス革命によって成立した国民国家の崩壊の起点であった。後にアレントが『革命について』(一九六三年)で普仏戦争敗戦時に登場した新たな政治制度の萌芽としてのパリ・コミューンの意義に注目しているのも偶然ではない。ルイ・ナポレオンの第二帝政の崩壊とパリ・コミューンの鎮圧の結果として生まれたフランス第三共和政は弱体で解体しつつある国民国家であり、そこで形成される国家と社会の腐敗した関係こそが、フォブール・サン＝ジェルマンに典型的に示されるデカダンスの基礎なのであった。そうした腐敗の仲介者としてユダヤ人の役割がクローズ・アップされること、政治的反ユダヤ主義の登場も国民国家――と結びついていたユダヤ人の役割――の解体の随伴現象だったということができるだろう。

3　軍隊とカトリック教会

第三共和政で顕著になる国家機構・議会に対する派閥利害の浸蝕とそれに伴う腐敗に対して、独立を保っているように見えたのが軍隊であった。将校団は――革命戦争の際には亡命貴族として祖国に弓を引いた――貴族の子弟からなっていたし、下層階級出身で昇進を遂げた将校も含めて、革命以来反動派や反共和派を支援してきた教会の強力な影響下にあったからである(p. 100／(1)一九二頁)。

ただしアレントの見るところでは、第三共和政において軍が共和派や民主派に対する防波堤の役割を果たしていたのは、軍人としての職業的名誉からでも団体精神からでもなく、もっぱら閉鎖的なカースト集団としての自己利益に基づいていた。王政に対する支持も、共和政において独自の地位と集団的利益を主張する口実にすぎなかった（pp. 100-101／(1)一九二―一九三頁）。

他方、一九世紀末ヨーロッパのカトリック教会は、世俗権力に対する民衆の信頼が揺らいだこともあって、かつての政治的権威を回復しようとしていた。教会は共和政と民主主義がもたらした無秩序、混乱からの唯一の逃げ場となったのである。[18] 第三共和政の政治的真空に取り残された軍隊は喜んでカトリック聖職者に追随することになる。

ドレフュス事件の際にカトリック教会の政治路線に影響力を発揮したのは、通常の教会の位階の僧侶ではなく、イエズス会の聖職者たちであった。フランス、オーストリア、スペインでのカトリック教会の反動的政策、ウィーン、パリ、アルジェでの反ユダヤ主義潮流への支持もイエズス会士の影響による。国家機構の解体にともない、ユダヤ人は上流社会に受け入れられていく。ロスチャイルド家は反ユダヤ主義的な貴族のサークルに入場を許されたし、フォブール・サン＝ジェルマンはユダヤ人に門戸をひらいていた。普仏戦争でドイツに割譲されたアルザス・ロレーヌのユダヤ人たちはパリへ流れ込み、誇張された愛国主義で国家に過剰に同調しようとする。ドレフュスの一族もそうしたアルザスのユダヤ人に属していた。しかしながらユダヤ人が上流社交界だけでなく軍隊にまで入り込んでいった時に、これに立ちはだかったのがイエズス会士であった。その意味においてイエズス会士はユダヤ人にとって最初の融和しがたい敵対者であり、彼らはヒトラーに先立って反ユダヤ主義の政治的構想を全ヨーロッパ的規模で利用しようとしたのである（pp. 103-104／(1)一九四―一九九頁）。

4　モッブの登場とクレマンソー

こうしてパナマ事件の記憶も生々しい中での反ユダヤ主義のプロパガンダは、聖職者や貴族的な階層から急進的な小ブルジョアジーにいたるまで幅広い共鳴板を見出すことになる。だがそこに見出された大衆は、いわゆる人民や民衆とはまったく似て非なる存在であった。ここに聖職者や軍の反動とは別の、まったく新たな要素としての「モッブ（mob）」が登場する――第三部で全体主義運動の担い手となる「大衆」は「モッブ」とも異なる新しい現象である。

アレントの定義によれば、モッブは「あらゆる階級の残滓を代表する集団」であるが、これは「あらゆる社会の階層から構成される人民（people）」とは異なっている。

> 人民がすべての偉大な革命において真の代表（representation）を求めて戦うのに対して、モッブはつねに「強い男」、「偉大なリーダー」を請い求める。モッブは自分たちが排除された社会を憎み、自分たちが代表されない議会も憎む。それゆえモッブに依拠しようとする政治家たちは人民投票、近代モッブのリーダーたちにあのような抜きんでた成功を収めさせることになった人民投票というおなじみの着想に行きつくことになる。（p. 107／(1)二〇四頁）

国民国家と階級社会の紐帯が緩み始めるとともに、階級から脱落した分子が大量に生み出される。

第三共和政の国家と社会はその金融スキャンダルとともに、零落した中産階級を中心としたモッブの登場をもたらすことになった。彼らは経済的な零落にともなって階級社会から脱落し、国民国家と階級社会を繋ぐ代表制度である議会からも政治的に排除される。それゆえモッブの活動は議会外の群衆行動というかたちをとる。いや、そもそも第三共和政においては国民国家の政治的代表・議会そのものが機能しなくなってきている——帝政の崩壊に伴うコミューンの登場はその徴候であった——のであるから、政治的現象の場そのものが議会の外に移行することになる。

> ドレフュス事件で人が戸惑うのは、議会外で活動せねばならなかったのはモッブだけではないということである。議会、民主主義、そして共和政を擁護しようとするすべての少数派は、その戦いを議会の外で遂行せざるを得なかったのである。モッブとその他の少数派との違いは、一方が街頭を利用し、他方が報道や法廷を利用したということにすぎない。言いかえれば、ドレフュス事件がもたらした危機の間のフランスの政治生活全体は議会の外で行われたのである。(p. 115／(1)二一九頁)

アレントにとって問題は、古典的な国民国家の階級的編成とその正規の代表議会の外で、真の代表制の実現を求めて闘争し、そのために活動し結合するのか、それとも「強力な指導者」の周りに蝟集するかである。そうした意味においては、人民・民衆とモッブを分ける区分線は、具体的な社会階層との関係よりはむしろ政治的なそれ、政治的な活動と結合のありかたになるだろう。[19]

モッブと民衆の区別のつけがたさ、モッブが表明する「指導者への待望」は政治指導者にとっても躓きの石となった。事実、モッブの一部は反ドレフュス派だけでなく、クレマンソー指揮下の共和派にもなだれ込んでくる。クレマンソーもそうしたモッブと人民を同一視する誘惑を免れていたわけではない。だが根っからのジャコバン主義者クレマンソーはフランス人民の少なくとも一部をフランス革命の偉大な伝統に立ち戻らせることができたのである。

> ついにクレマンソーは、一人の権利の侵害はすべての者の権利の侵害であるとジョレス（一八五九―一九一四年）を説得することができた。だが彼が成功したのは相手にした悪者たちが革命以来の人民の根深い敵、貴族と聖職者だったからである。労働者たちが最後には街頭に出ることになったのは、富者と聖職者に対する反対のためであって、共和国のためでも正義と自由のためでもなかった。なるほどジョレスの演説とクレマンソーの論説は人権に対する昔ながらの革命的情熱を偲ばせるものであった。この情熱が人民を闘争のために結集させるほど強力だったというのも事実である。だが彼らがまず確信していたのは、正義と共和国の名誉だけでなく、彼らの階級「利益」もまた危機に瀕していたということなのである。（p. 113／(1)二一五頁）

こうして左翼、労働者や中産階級は反ユダヤ主義から脱却し、いまや共和派と王党派・保守派を分ける区分線は反ユダヤ主義をめぐる対抗軸と重なることになった。いやむしろカトリック教会とその聖職者が軍を政治的に利用しようとした結果として、ドレフュス擁護と反ドレフュスの対抗軸に沿って、革命以来の共和派・王党派の戦線が再編される結果になったのである。クレマンソーと左翼の反ユダヤ主義からの脱却も――思想的改心や純化による方向転換というよりは――そうした政治的対抗軸の移行・再編の結果として達成されたのであった。

ユダヤ人の存在そのものが政治的なものに規定されているように、反ユダヤ主義に対する闘争や、闘争の際の敵と味方の区分も――ユダヤ人に対する共感や理解ではなく、まず第一義的には――政治的な関係においてなされる。ここにアレントの政治的思考の特質が示されている。

5　ユダヤ人とドレフュス擁護派

反ユダヤ主義をめぐる政治的対抗軸が再編されつつあるなかで、蚊帳の外に置かれていたのは当のユダヤ人、西欧社会になかば同化しつつあったユダヤ人自身であった。

> 彼らは自分の住んでいた国の政治的発展にほとんど関与しなかったがゆえに、この世紀が進むうちに、法的平等の物心崇拝に陥っていた。ドレフュス事件が勃発して彼らの安全が脅かされていると警告を発した時には、彼らはすでにバラバラになって同化していく過程に入り込んでいたし、そのために彼らの政治的知恵の欠如はますます深刻なものとなっていった。彼らが同化したのは、俗物根性とビッグ・ビジネス、これまで見たこともないような利潤獲得の機会に目が眩ん

であらゆる政治的情熱が窒息してしまった社会の構成分子であった。そうした傾向が呼び起こす反感を、彼らは自分たちの貧しく同化していない移民の同胞に向けることでかわそうとした。非ユダヤ人がユダヤ人に対してしたのと同じように、彼らもいわゆる「東方ユダヤ人」と自分たちとを切り離そうとしたのである。ロシアやルーマニアのポグロム〔ユダヤ人虐殺〕に表された政治的反ユダヤ主義を、彼らは中世の遺物だと軽く見て、その近代政治におけるリアリティを見逃していた。そこに生まれようとしていたのは社会的な反ユダヤ主義以上のものであることからしてすでに、ドレフュス事件で危機に瀕していたのは社会的地位にとどまらないということを彼らはまったく理解できなかったのである。(pp. 117-118/(1)二二二―二二三頁)

その意味においてユダヤ人たちは、彼らの真の敵を誤認していた。彼らはクレマンソーの戦いに対して冷淡な態度に終始し、彼を味方として認めることを拒んだのである。

　正義を国家の基礎に据えようとするクレマンソーの戦いはユダヤ人に平等の権利を再建することを含んでいた。しかしながら、一方では階級闘争が行われ、他方では〔妄信的な対外強硬的愛国主義である〕ジンゴイズムが猛威を揮っている時代にあっては、抑圧者と闘う被抑圧者の立場になって考えられたものでなければどんな正義も政治的な抽象物にとどまっただろう。クレマンソーが近代ユダヤ人のもった数少ない真の友人の一人であったのは、ユダヤ人が抑圧されたヨーロッパの人民の一つであることを認識し、世界に対してそれを宣言したからなのである。(p. 118

／(1)二二四頁)

6　ドレフュス事件の結果

政治的な意味におけるドレフュス事件は、一九〇〇年にパリで開催される万国博覧会への悪影響を懸念した議会多数派が反ドレフュスの態度をとる政府に不信任を突きつけて、社会主義者も加えたワルデック＝ルソー（一八四六―一九〇四年）の内閣が成立し、大統領ルーベ（一八三八―一九二九年）によってドレフュスに対して恩赦が与えられたことで一応の決着をみる。特赦によって事をうやむやのうちに片付けることに反対して、あくまでも再審を求めていたクレマンソーにとって、それは一つの敗北であった。

だが彼の敗北は教会と軍隊の勝利を意味しない。国家と教会の分離、宗派（parochial）教育の禁止はフランスにおけるカトリシズムの政治的影響力に終止符を打つことになる。同様に、諜報活動も陸軍省の統制下に、つまり文民の統制下に置かれることになった（pp. 119-120／(1)二二五―二二六頁）。

ドレフュス事件の終結はまた教権的な反ユダヤ主義の終焉でもあった。これ以降フランスにおいては、カトリック聖職者の直接の影響下で行われる政治活動という意味での政治的カトリシズムは政治の舞台からは姿を消すことになる――政治的カトリシズムが問題になるのはイタリアやドイツであり、そこではファシズムやナチス政権とローマ教会との関係があらためて問題となる。

ユダヤ人にとってドレフュス事件がもたらした唯一の成果はシオニスト運動の誕生であった。シオニズムは反ユダヤ主義に対する政治的な回答であり、「世界的な出来事の中心に彼らを据えることになる敵意を真剣に受け止めた唯一のイデオロギー」なのであった。

ドレフュス事件は反ユダヤ主義が政治の舞台に登場した最初の実験場であった。そこに示された政治的反ユダヤ主義の萌芽を抑え込んだのは、フランス革命によって強力に形成された国民国家とその政治的条件だったといえるだろう。解体しつつあるとはいえなお残存する革命の理念が、それに対抗するカトリック教会や軍隊の反共和派と中産層・労働者の共和派という、一九世紀国民国家の古典的な対抗軸の中にドレフュス事件と反ユダヤ主義をめぐる対抗を包摂することによって、二〇世紀的な政治的反ユダヤ主義へと発展していくことを阻止したのである。古き良き時代のジャコバン主義者として、フランス革命以来の国民国家を支えた共和主義を体現したクレマンソーが、結果として第三共和政の守護神として現れることができたのも、フランス国家のそうした特質に基づいている。本格的な反ユダヤ主義は、そうしたヨーロッパの国民国家体制の崩壊とともに全面展開することになる。その原動力となったのは、フランスにおいては相対的に脆弱であった帝国主義の展開である。

第二章　帝国主義と国民国家体制の崩壊

――『全体主義の起源』第二部「帝国主義」

第一節　国民国家解体の原動力としての帝国主義

一八八四年から一九一四年までの期間、列強による「アフリカ争奪戦」にはじまり第一次世界大戦で終わる「帝国主義の時代」[1]は、ヨーロッパにおける相対的な安静（「安定の黄金時代」）の背後で全体主義に結晶する諸要素が形成されていった時期であった。いうまでもなくその中心には資本主義とその担い手としてのブルジョアジーがいる。

帝国主義時代におけるヨーロッパ内での中心的出来事はブルジョアジーの政治的解放である。彼らはそれまでは政治的支配への野心を持たずに経済的な優位を達成した史上最初の階級であった。国民国家は定義上からしても階級に分かれた社会から超然としてこれを支配するのだが、ブルジョアジーは国家の内部で国家と手を携えて発展していった。支配階級としての地位を確立した後にも彼らはすべての政治的決定を国家に委ねていた。国民国家が資本主義経済のさらなる発展の枠組みとして不適であることが明らかになって初めて、国家と社会の潜在的な闘争は公然たる権力闘争になる。帝国主義の期間には国家もブルジョアジーも決定的な勝利を得ることはなかった。国民的な諸制度は帝国主義者の野望の残忍さと誇大妄想に抵抗したし、国家とその暴力装置を自らの経済的目的に利用しようとするブルジョアジーの試みはいつでも半ばしか成功しなか

> った。ドイツのブルジョアジーがヒトラーの運動にすべてを賭け、モッブの手を借りて支配権を握ろうとした時に状況は変化したが、それはあまりに遅すぎた。ブルジョアジーは国民国家を破壊することに成功したが、それはピュロスの勝利〔損失のみ大きく得るところの少ない勝利〕であった。（pp. 123-124／(2)一一二頁）

西ヨーロッパを中心とする古典的な国民国家の国際体系がひとまず完成をみた一八七〇年代以降、表面的な安定と繁栄の背後で、資本とブルジョアジーの成長は国民国家の枠を乗り越え、それと衝突するようになる。この国民国家と資本との闘争の終着点において、ドイツ・ブルジョアジーは最後にナチスに賭けることになった。その意味において帝国主義の時代は二〇世紀の破局を準備したのである。帝国主義はいかにして国民国家を解体に導くことになったのか、帝国主義の展開とそれに伴うヨーロッパ政治の変容の諸相を検討すること、これが『全体主義の起源』第二部の主題となる。

1　国民国家と帝国

まずは帝国主義とは何かが明確にされなければならない。国民国家の体制を内側から掘り崩す帝国主義は、国民国家やナショナリズムとは適合しない。国民国家の利益を第一に考えた政治家たちはみな帝国主義的な拡張に懐疑的であった。

> 節制と混乱、帝国主義的拡張に一貫して反対した政治家たちの報いはこれであった。例えばビスマルクは一八七一年の講和の際に、アルザス・ロレーヌの代わりに海外アフリカ領土を差し出そうというフランスの提案を拒否し、その二〇年後にはウガンダ、ザンジバル、〔ケニア海岸の〕ウィトゥランドをイギリスに差し出して〔北海の要衝〕ヘリゴランド島を獲得している——これは二つの王国を風呂桶と交換するようなものだとドイツの帝国主義者は評したが、まんざら不当ではない。クレマンソーも八〇年代にフランスの帝国主義政党がイギリスのエジプト支配に対抗して軍を遠征させよと要求したのに反対し、その三〇年後には仏英同盟のためにエジプトのモスル油田をイギリスに譲り渡している。同様にグラッドストン（一八〇九—九八年）は「大英帝国の将来を安んじて委ねられる人物ではない」とクローマーに非難されたのである。(p. 125／(2)四—五頁)

イギリスはディズレイリ統治下の一八七五年にスエズ運河の株式を取得していたが、一八八二年に起きた暴動を口実にエジプトに軍事介入し、一八八八年にスエズ運河を自己の管轄下に置いて事実上のエジプト統治を行うようになる。そこに派遣されたのが、インド統治で手腕を発揮したクローマー卿（一八四一—一九一七年）であった。一八八三年九月にエジプト総領事となったクローマーは、一八八〇年三月の総選挙でディズレイリの保守党を退けて政権に就いたグラッドストンの植民地政策に対する消極的な態度を批判したのである。グラッドストンをはじめとして、ビスマルク、クレマンソーなど一九世紀を代表する主要な政治家たちは帝国主義政策のうちに国民国家を破壊する要素が潜んでいることを察知していた。事実、国民国家を基礎に純粋な帝国を建設しようとする試みは挫折してきたのであった。イギリスの場合も決して例外ではない。

> 連合王国の国民的構造は征服した民族を素早く同化したり編入したりすることを不可能にした。イギリスのコモンウェルスは決して「諸民族のコモンウェルス（Commonwealth of Nations）」ではなかった。それは連合王国の相続人、世界中に分散した一つの国民（one nation）なのであった。分散と植民はその政治的構造を拡大するのではなく、移植したのであって、新たな連邦の一員となった政治体の構成員は彼らの共通の母国に共通の過去とコモン・ローという健全な理由から密接に結びつけられたのである。（p. 127／(2)九—一〇頁）

イギリス連邦が分散・移植された国民の連合体という古代ギリシアの植民都市をモデルとしたのに対して、ローマの帝国建設を範としたのがフランスであった。フランスは「法（ius）と支配権（imperium）を結びつけて古代ローマの意味での帝国を建設」しようとした。すなわち海外領土を編入し、征服された民族を同胞として——フランス文明を共有する従属的臣民として——迎え入れることによって、国民国家の帝国への拡大を図ったのである。フランス議会に有色人の代表が議席を獲得し、アルジェリアはフランスの県となる。だがその実質は、フランス国民国家の利害への植民地の従属にほかならない。第一次大戦時には帝国、つまり植民地とその人民はフランス本国の防衛のために動員されることになったのである。イギリスは被征服民族に文化・宗教や法に関して独自性を容認することで帝国建設に伴うそうした矛盾を回避しようとしたのであった。

一九世紀後半に登場する「帝国主義」と、その「拡張」の目ざすところは「征服」ではない。古代ローマのような「帝国」建設はもはやその目標とはならない。帝国主義者自身がこのことを明確に認識していた。「国民の政治体は帝国建設をすることはできないことを帝国主義者はナショナリストよりもよく知っていた。国民が諸民族の征服に乗り出したとしても、それ自身の内在的法則に従うなら、征服された民族の国民への上昇と征服者の敗北に終わるということを彼らは察知していた。それゆえ国民的な野心を帝国建設で拘束しようとするフランスの方法はイギリスの方法よりも成功しなかった。国民的で民主的な制度を維持した母国によって制約されてはいたけれども、一九世紀の八〇年代にはイギリスはあからさまに帝国主義的になったのである」(p. 134／(2)二〇—二一頁)。

2　権力のための権力

帝国主義の目指すところは国民国家それ自身の利益でもないし、対外的な征服や領土拡大による帝国の建設でもない。それでは帝国主義の目標は何か。端的に言えば、それは権力の拡大そのものである。

> 帝国主義者が本当に望んだのは政治体を設立することなしに政治権力を拡張することであった。帝国主義的拡張を引き起こす原因となったのは奇妙な形の経済的危機、すなわち資本の過剰生産と「余剰」貨幣の登場であった。過剰な貯蓄の結果、もはや国内では生産的な投資先を見出すことができなくなったのである。ここではじめて権力の投入（investment）が貨幣の投資の道を均すのではなく、貨幣輸出の隊列の後に権力の輸出が追随することになる。遠方の地での無統制な投資は大多数の社会階層をギャンブラーに変身させ、資本主義経済全体を生産のシステムから金融投機のシステムに変え、生産利潤を手数料利得に置き換えてしまう危険が出てきたからである。（p. 135／(2)二一―二二頁）

国民国家の枠を超えた過剰資本の投資を保証する政治権力の拡大、これが帝国主義者たちの要求であった。帝国主義の本質は貨幣輸出、資本輸出とそれにともなう経済的支配の拡大ではなく、それに牽引された「政治的権力」の拡大にある。すでに第一部の反ユダヤ主義の分析で明らかになったように、アレントの視点は基本的に政治的な局面におかれている。帝国主義とは、資本とその担い手としてのブルジョアジーによる独特の政治権力拡大運動なのである。[2]

アレントによれば、無制限の資本蓄積のプロセスは、それを保証してくれるような無制限の権力拡大を必要とすることを洞察した哲学者がホッブズであった。

彼の『リヴァイアサン』は新しい政治原理についての空虚な思弁や人間共同体を統治する理性

> の昔ながらの探究には関わらない。それはまさしく新たな社会階級、その存在がダイナミックで新たな所有を生み出す仕組みと密接に結びついた階級の勃興がもたらす「結果を考察」しているのである。ブルジョアジーを生み出すことになったいわゆる資本の蓄積は所有と富の観念そのものを変化させた。富はもはや蓄積と獲得の結果ではなく、その始まりとなる。富はより豊かになるための終わることのないプロセスとなった。ブルジョアジーを所有階級に分類するのは表面的にしか正しくない。というのもこの階級は、人生を絶えず豊かになるプロセスと考え、貨幣は神聖なものであり決して単なる消費のための商品ではないと考える者なら誰でも属することができるところにその特徴があるからである。(p. 145)

ホッブズは絶えざる富の獲得は遅かれ早かれ領土の限界を超えること、そうした蓄積プロセスは政治権力の掌握によってはじめて保証されることを理解していた。際限のない獲得過程に対応できる際限のない権力の獲得を可能にするダイナミックな政治的組織を彼は構想したのである。蓄積され独占された権力に基づく国家においては、すべての人間は権力を剥奪され、権力蓄積の機構の歯車と化すことになる。まさにその意味でホッブズの『リヴァイアサン』こそ帝国主義時代のブルジョアジーによる政治権力拡大の論理を先取りするものだとアレントはいうのである。[3]

3　モッブと資本の同盟

すでに述べたように帝国主義の原動力は資本輸出であった。国内市場の飽和、原料の不足、恐慌への最初の反応が資本の国外流出であった。だが資本輸出がただちに帝国主義ということにはならない。

> 貨幣輸出と外国投資それ自体は帝国主義ではないし、必然的に政策としての拡張に導くわけではない。余剰資本の所有者が「彼らの財産の大部分を土地の上に」投資することに甘んじている限りは、かりにこの傾向が「これまでのあらゆる伝統的なナショナリズムと正面から対立する」ものであったとしても、それは自分たちが寄生している国民的政治体から切り離されていることを確認するにすぎない。（当初の詐欺の段階がそうしたギャンブルのリスクに対して政治をうまく利用できるということに目を開かされて後に）自分たちの投資に対する政府の保護を要求するようになってはじめて、彼らは国民の生活に再加入するのである。（p. 149／⑵四六頁）

対外余剰資本のリスクに対する政治的保護は、余剰となり寄生的となった資本の所有者を救出する。さらに資本主義は余剰資本の所有者とならんで、人間そのものの余剰を生み出す。余剰となった労働力、あらゆる階級から集められた人間の屑としてのモッブと余剰資本とが一つになって国外に流出する。これが帝国主義の時代の新たな特徴なのである。余剰資本と人的余剰が出会ったのが南アフリカであった。

まことに皮肉なことに、余剰な富と余剰な人員が一つになった最初の国はそれ自体が余計なものとなりつつあった地域であった。南アフリカは世紀の初め以来イギリスの所有であったが、それはインドへの海路を保証していたからである。しかしながらスエズ運河が開通し、続いてエジプトの行政がイギリスに支配されるようになると、ケープの貿易中継地としての重要性は大幅に低下することになった。イギリスは他のヨーロッパ諸国がインドでの所有と貿易上の利害が解消された時点でそうしたように、アフリカから撤退してもよかっただろう。

とりわけ皮肉だったのは、そして南アフリカが「帝国主義の文化的発祥地」へと予想せざる発展を遂げる事情を象徴的に示しているのは、まさにそれが本来の帝国にとってのあらゆる価値を喪失した時に突然に人々を惹きつけるようになった魅力の原因である。すなわち七〇年代にダイヤモンド鉱床が、八〇年代に金鉱が次々に発見されたのである。いかなる犠牲を払っても利潤を求める新たな欲望が、古くからの一攫千金の欲望とここではじめて合体することになる。金鉱掘り、詐欺師、そして大都市の人間の屑たちが暗黒大陸に移住してきた、産業発展を遂げた国の資本とともにである。それ以降、途方もない資本蓄積が産み落としたモッブは、その産みの親に伴われて冒険の旅に出る。そこで発見されたのは新たな投資の可能性にほかならない。世界の隅々からやってくる余剰な人間を使いこなせるのは余剰な富の所有者だけであった。彼らが一緒にな

> って建設するのは寄生虫たちの最初の楽園であり、彼らの吸う生き血は金でできている。余剰な資金と余計な人間の産み出した帝国主義は、もっとも余計で非現実的な財貨の生産からその驚くべき経歴をはじめたのである。(p. 151／(2)四八頁)

南アフリカが「帝国主義の文化的発祥地」となったのは、まさにそれが「余計者の土地」における余剰人員と余剰資本の結合だったからである。[4] そして本国から遠く離れた海外植民地における帝国主義政策の展開という点に、イギリスの海外帝国主義と大陸ヨーロッパ、とりわけドイツやオーストリアにおける大陸帝国主義との決定的な相違があった。

資本とモッブの同盟は一貫した帝国主義政策が生まれるところではどこでも見出される。あまりに富裕な者とあまりに貧しき者とのこの新たな同盟は、いくつかの国、特にイギリスでは海外領土に限られていたし、そうであり続けた。いわゆるイギリス政治の偽善は、植民地でのやり方と通常の国内政治との間に明確な一線を引いたイギリス政治家の良識(good sense)の結果である。懸念された帝国主義の母国へのブーメラン効果はこれによってかなりの程度回避できたのである。他の諸国、とくにドイツとオーストリアでは資本とモッブの同盟は汎民族運動という形態をとったし、フランスでは規模は小さいが、いわゆる植民政策の形で展開されることになった。これらの「運動」の目的は(「余計者」だけでなく)国民全体を帝国化すること、対外領土を略奪して異邦の人民を服属させるために国民を再組織するという形で国内政治と外政とを結合するこ

とであった。(p. 155/(2)五四頁)
本格的な海外帝国主義を推進したイギリスにおいては、その展開が国外に限定されたために、帝国主義政策の国内政治への「ブーメラン効果」を回避することができたのであった。イギリスの幸運は本国と植民地との距離にのみあったわけではない。本国におけるブルジョアジーの発展の度合いが彼らの行動を大きく左右していた。アレントはイギリス(とオランダ)、フランス、ドイツのブルジョア社会の発展を次のように比較している。

イギリスやオランダにおいてはブルジョア社会の発展は相対的に平穏に進んだので、これらの国のブルジョアジーは恐怖から解放されて安定した数世紀を享受することができた。これに対して、フランスではブルジョアジーの興隆は人民の大革命によって中断されて、その結果ブルジョアの完全な支配は阻止された。ドイツではブルジョアジーは一九世紀の後半まで完全に発展することができず、しかも彼らの興隆にはその当初から同じくらい古い伝統をもつ革命的労働者階級の運動の進展がともなっていた。ブルジョアジーが自国で安全だと感じることができなければ、それだけ偽善の重荷をかなぐり捨てたくなるのは自然な成り行きである。上流社会のモッブに対する親近感が明るみに出てきたのはドイツよりもフランスの方が早かったが、結局はいずれの国でも強力なものになっていった。ただしフランスでは革命の伝統が強く工業化が相対的に遅れていたために、比較的少数のモッブしか生み出さなかったから、フランスのブルジョアジーは最後

には国境の向こう側に援助を求め、ヒトラーのドイツと同盟することを余儀なくされるのである。（p. 156／⑵五六頁）

フランスでは相対的に少なかったというモッブの形成は、ドイツとそしてオーストリアではどのようなものであったのか、彼らはどのような影響を大陸ヨーロッパの諸国の政治にもたらすことになったのか、これらの問題は第二部第八章「大陸帝国主義：汎民族運動」において検討されることになるが、いずれにせよ、ブルジョアジーが「偽善」の仮面をかなぐりすててモッブと手を組むようになるためには、両者を結びつける原理が存在していなければならない。ブルジョアジーを引きつけ、モッブを組織することになる原理、モッブが登場するはるか以前から存在していたその原理こそ、「人種」であった。

もしわれわれがホッブズの無限の権力蓄積の過程の虜になっていることが証明されるとすれば、モッブの組織は不可避的に国民の人種への変形という形をとるだろう。というのも蓄積のための蓄積という社会の条件の下では、個人を結ぶそれ以外のいかなる紐帯も存在しないからである。

人種主義は西洋世界を破滅へと向かわせるだろう、さらにはっきりいえば、人間文明全体の破滅を。ロシア人がスラブ人になり、フランス人が黒い軍隊（*a force noire*）の指揮官になり、イギリス人が「白人」になり、すべてのドイツ人がアーリア人になったとき、この変化はそれ自体が西洋人（Western man）の終わりを告げ知らせるものとなるだろう。というのも、学識ある学者がなんと言おうとも、人種というのは、政治的に言って、人間性の始まりではなくその終焉であり、民族の起源ではなくその腐朽であり、人間の自然な誕生ではなくその不自然な死だからである。（p. 157）

第二節　人種思想の起源

国民国家と人種思想

だがなぜ人種主義なのか、と人は問うであろう。人種主義こそが帝国主義に向けてモッブを結集したイデオロギーであり、やがてはナチズムに連なっていくのだと説明されるとしても、なおそれは理性と啓蒙に対する反動の一つ、非合理主義的なイデオロギーの諸要素の、重要であるかもしれないが一つにすぎないのではないだろうか。いや、イデオロギーというにはあまりに曖昧で、非科学的で、まともな思想や教義としての資質を欠いている。そもそも人種主義をまじめに扱うということ自体が人間と思想そのものを矮小化、戯画化するものではないだろうか。こういう疑問が「人種主義」にはつきまとっている。だが、アレントによれば人種主義こそがヨーロッパに生まれた国民国家の体制を掘り崩す主要なイデオロギーなのである。

> 近代人の精神を支配しようとする人種思想（race-thinking）と階級思想との間の巨大な競争を目の当たりにして、人は人種思想が国民的潮流の、階級思想が国際的潮流の表現であり、前者は国家間の戦争を、後者は内戦をもたらすものだと見なしたくなる。そうした発想が可能だったのは、第一次世界大戦が古い国民的紛争と新しい帝国主義的紛争との奇妙な混合物であったからである。そこでは古い国民的なスローガンがどんな帝国主義的目的よりもすべての国の大衆にアピールしたのである。だが第二次世界大戦はいたるところに傀儡政権と「対独協力者」を生み出して、人種主義もあらゆる国で内戦を引き起こしうること、内戦を準備するために考案された最も巧妙な手段であることを証明した。
>
> 　というのも実際には人種思想が政治の舞台に登場したのはヨーロッパの諸民族が国民という新たな政治体を準備し、一定程度実現したその時点だったからである。まさにその初発から人種主義はあらゆる国民的境界を、地理的、言語的、伝統的その他いかなる基準による境界であれ意識的に横断し、国民的な政治体の存在を否定していた。ヨーロッパ諸国民の友好関係の発展に影のようにつきまとっていたのは、階級思想ではなく人種思想であり、それはついには諸国民の破壊のための武器となったのである。（p. 161／(2)六二―六三頁）

人種思想は階級思想とともに国民国家を破壊する内戦の論理を提供する。しかも国民国家が階級社会との微妙なバランスの上に存立している、その限りで国民国家は自らの内に階級を包括しているのに対して、人種主義は当初から一貫して国民国家と国民意識の発展に対抗してきた、というのである。そうした「人種」思想はどこから生まれてきたのか、これが第二部第六章で検討される。

1　ブーランヴィリエ——支配民族としてのゲルマン人

まずあらかじめ注意しておかねばならないのは、ここで扱われる「人種思想（race-thinking）」と「人種主義（racism）」はただちに同じではないということである。後の「人種主義」に引き継がれる「人種」という観念の萌芽は「一八世紀にその根を有していて、一九世紀の間にすべての西洋諸国世界で同時的に出現した」が、帝国主義のイデオロギーとしての「人種主義」になるためには、今ひとつの飛躍が必要となる。ここで扱われるのはその前身の方である。

後のナチス・ドイツの人種主義的イデオロギーから誤解されやすいのだが、人種思想はドイツの発明ではなかった。人種理論の最初の萌芽は一八世紀初頭のフランス貴族、ブーランヴィリエ伯（一六五八―一七二二年）の『古代フランス統治の歴史』（一七二七年）であった。フランスは異なる起源をもつ二つの民族からなる。ゲルマン起源の民族が先住の「ゴール人」を征服して支配階級になったとブーランヴィリエは主張したのである。その意味では彼の書は明確な階級思想の起源でもあった（p. 162／(2)六四頁）。

ただしブーランヴィリエが論じているのは民族（people）であっていまだ人種（race）ではなかった。彼の主張する支配民族の優位性の根拠は征服という歴史的事実であって――そうした歴史的行為が被征服民族の自然的資質になにがしかの影響を及ぼすとしても――自然的・肉体的な事実ではない。二つの民族の主張は「国民（nation）」という新しい思想に対抗するものであった。その意味においてブーランヴィリエはいわばフランス革命勃発後の内戦を思想的に準備したのである。ドイツやイギリスに亡命した貴族はそこに政治的な武器を見出した。彼らは革命に対抗する一種の貴族の「インターナショナル」を提唱することになる。フランスの貴族たちはブルジョアに対する階級闘争のなかで自分たちが別の血統に由来する国際的なカースト、ゲルマン系あるいは北方人系のそれに属することを発見したのである。もとよりフランス革命がローマの精神的継承を自任したとしても、それは貴族の反動的な「ゲルマニズム」に対する「ラテン主義」の主張ではなかったし、そうした「ラテン主義」から独自の人種理論が現れることはなかった。ともあれゲルマン起源の優位性を主張するフランスの人種イデオロギーの基本的方向は、ドイツでフランスに対抗する人種意識が興隆してからも変わらなかったのである（pp. 163-165／(2)六六―六九頁）。

2　ドイツにおける人種思想

ドイツにおける人種思想の発展は、ナポレオン戦争によるプロイセンの敗北後に始まる。提唱者となったのは貴族ではなくプロイセンの愛国主義者や政治的ロマン主義者たちであった。フランスとは異なり、人種思想は内戦の武器ではなく外国支配に対抗して国民を団結させるためのものであった。いわば実現されない国民的統一の代替物として人種的統一の理念が主張されたのである。したがってそこでは人種思想が排他的でコスモポリタンな貴族（ユンカー）に依拠するという可能性は排除されたが、他方で人種理念は一般的な国民意識と結びついて、ナショナリズムと明白な人種主義とを区別することは難しくなる。ドイツやオーストリアのナショナリズムが当初から人種主義に近い種族主義的（tribal）な性格を帯びることになったのはそのためである（p. 165／⑵七〇頁）。

> 共通の種族的起源が国民の本質的要件であるというこの主張は一八一四年の戦争中および戦後にドイツのナショナリストが定式化したものだが、ロマン主義者たちによって生得的な人格や生来の高貴性が強調されて、ドイツにおける人種思想の道を知的に準備したのである。共通の種族的起源の主張からは自然法則をともなう有機体的歴史の教義が生まれ、生得的な人格の高貴性の主張は世紀末にはこの世界を支配する生まれながらの使命を授けられた超人というグロテスクな怪物（homunculus）を生み出すことになった。それらがバラバラに並行して進んでいる限りは、政治的な現実から逃避する一時的な手段にすぎなかったが、ひとたび合体すると一人前のイデオロギーとしての人種主義の基盤となったのである。（p. 170／⑵七八―七九頁）

3　ゴビノー――支配エリートとしての「人種」

しかしながらそうしたイデオロギーをまずはじめに完成させたのは、ふたたびフランスの貴族ゴビノー伯爵（一八一六―八二年）の『人種不平等論』（一八五三―五五年）であった。没落しつつある貴族に代わる新たな支配層を求めて彼が見いだしたものこそ、支配人種としてのアーリア人であった。

> ゴビノーが実際に探し求めていたのは貴族に代わる「エリート」の定義とその創出であった。君侯に代わるものとして彼が提案するのは「君侯の種族」としてのアーリア人であり、彼らは民主主義によって下級の非アーリア人階級のなかに埋没する危険にさらされていると言うのである。人種の観念はドイツ・ロマン主義のいう「生得の人格」を組織して、他のすべての者を支配することを運命づけられた自然の貴族の構成員だと主張することを可能にしたのである。(p. 173／(2)八三頁)

かくしてゴビノーは先行者ブーランヴィリエと同様に、エリート人種が民主主義の防波堤であるとともに「祖国愛」に対する防波堤であるとみなしたのである。ゴビノーの一貫した反国民主義的傾向は民主主義と共和政に対する反対者に武器を提供すると同時に、その人種と「エリート」の独特の混合は――イデオロギー的には無方向で政治的には無責任な――ロマン主義的な知識人たちの新たな観念遊戯の材料とされることになった。かくしてフランスにおいては一九世紀末の反ユダヤ主義と同様に、人種イデオロギーも――もともとはその理論的故郷であったにもかかわらず――政治的な側面での影響は相対的に無害なものにとどまったのである（pp. 174-175／⑵八四―八六頁）。

4　イギリスにおける人種思想と人間の権利

こうしたフランスの事情に対して、イギリスはどうであったか。イギリスにおける人種思想発展の起点も、フランス革命に対する徹底した批判者であったエドマンド・バーク（一七二九―九七年）にまでさかのぼることができる。有名な『フランス革命についての省察』（一七九〇年）でバークは述べている。

> 我々の自由を主張し要求するに当たって、それを、祖先から発して我々にいたり、さらには子孫にまで伝えられるべき限嗣相続財産とすること、また、この王国の民衆にだけ特別に帰属する財産として、何にせよそれ以外のより一般的な権利や先行の権利などとは決して結びつけないこと、これこそがわが憲法の不易の方針であった。[6]（p. 176）

ここでは革命に対抗するイギリスのナショナリズムの基本線が明確に定式化されている。フランスにおける人種思想がナショナリズムと対立していたのに対して、イギリスにおいては一貫して国民的な枠の内にとどまっていたのであった。

> 　イギリスではナショナリズムは古い封建階級に対する深刻な攻撃を伴わずに発展した。一七世紀以来ますます増大するジェントリーが上層のブルジョアジーと同化して、しばしば普通の庶民でもロードの地位につくことができたという事情がこれを可能にしたのである。この過程で貴族が通常もっているカースト的な傲慢さは取り除かれ、全体としての国民に対する責任の感覚が創り出された。だが同じ理由から、封建的な観念とメンタリティは他のどの国よりも容易に下層階級に影響を及ぼして、遺伝（inheritance：相続）の観念がほとんどそのまま受け入れられて英国人の「血統」全体に適用されるようになる。かくして貴族の規準に同化した結果、イギリス産の人種思想は遺伝理論とその近代版である優生学に取り憑かれることになったのである。（p. 176／(2)八八―八九頁）

逆説的なことに、貴族の国民化、下層階級の貴族の規準への同化が結果として、遺伝理論や優生学のような人種思想の基盤を提供したとアレントはいうのである。しかしながら、イギリスにおいては人種思想はただちに人種主義へと展開することはなかった。イギリスとその植民地であったアメリカにおいて、アフリカの諸種族との出会いは奴隷制への逆戻りをもたらしたが、そこでも奴隷所有者が人種意識をもつようにはならなかった。「一八世紀を通して、アメリカの奴隷所有者自身もそれを一時的な制度だと見なしていたし、徐々に廃止しようとしていた」(p. 177／(2)九〇頁)。むしろ奴隷制廃止の後に黒人達と共に生活するという段になって、人種問題に実践的に取り組むという困難に直面することになる。「一八三四年イギリス領での奴隷制の廃止とアメリカ内戦〔南北戦争〕に先立つ論争において、イギリスに見出されたのはまったく混乱した世論であり、それはこの数十年に生起してくるさまざまな自然主義的教義の肥沃な土壌となった」(p. 177)。かくして聖書のいうような人類の単一起源を否定する人種多元主義（polygenism）やダーウィニズムが広範に受容されることになった。[7]だがその結果はドイツとは対照的である。

　イギリスにおいても、ドイツとまったく同様にナショナリズムは中産階級によって生み出され、彼らによって促進された。彼ら中産階級は、貴族の影響から完全に解放されておらず、それゆえに人種思想の萌芽がそこには含まれることになった。だが統一の欠如から歴史的・地理的な事実の代替となるイデオロギー的な障壁を必要としたドイツとは異なり、ブリテン諸島はその自然の国境によって外部世界から完全に切り離されていて、そのため国民としてのイングランドは海を隔てた遠方に広がる植民地に住む人々、数千マイルも母国から離れた人々を統一するための理論を工夫せねばならなかった。彼らを結ぶ唯一の絆は共通の血統（descent）、共通の起源、共通の言語であった。合衆国の分離はこれらの絆だけでは支配を保証するものではないことを教えた。アメリカだけでなく、他の植民地もまた、同様の暴力をもってではなかったが、母国とは異なる憲法体制への発展傾向を示したのである。……ここにこそ社会改革派や急進主義者がイング

> ランドではナショナリズムの促進者となった理由の一つがある。彼らが植民地を維持しようと欲したのは、下層階級の捌け口として必要だという理由ばかりではない。これらブリテン諸島のより急進的な息子たちが母国に対して行使する影響力を維持しようと本当に望んでいたのである。
> (p. 181／⑵九八頁)

まさにイギリスの植民地が本国と海を隔てて世界中に拡がっているがゆえにこそ、それらを結びつける国民的紐帯、「国民的な使命」の観念が強力なものとなったのであった。だがそれにもかかわらず、また共通の祖先からの継承を強調するバーク以来の国民の観念は多様な自然主義的人種理論を受容する余地が大きかったにもかかわらず、支配地域の他民族を下層人種として差別するような人種主義へと結びつかなかった。「後の人種主義者と彼らを分かつ決定的な相違は、彼らが念頭においていたカナダやオーストラリアはほとんど無人の地で深刻な原住民の問題がなかったからだとはいえ、彼らのうちの誰一人として他の民族を下層人種として差別しようとは本気で考えなかったことにある」(p. 182／⑵一〇〇頁)。そうしたイギリスの植民地統治の伝統の限界を踏み越えようとしたのが、「例外ユダヤ人」の政治家ディズレイリなのであった。

したがって、歴史と政治における人種と人種優劣の要素が決定的であるという信念を繰り返し表明した政治家が、植民地とイギリス植民にはさほど関心をもたないまま——「植民地の重荷はわれわれの統治に余る」——イギリスの帝国権力をアジアにまで拡大しようとし、深刻な原住民

> の問題と文化問題を抱えた唯一の植民地〔インド〕におけるイギリスの立場を強化することになったのは決して偶然ではない。その政治家とはベンジャミン・ディズレイリのことである。彼はイングランド女王をインド女帝にしたのであった。彼はインドを帝国の礎石とみなした最初の政治家であり、イギリスの人々を〔ヨーロッパ〕大陸の諸国民と結びつけていた絆を切断しようとしたのである。これによって彼はインドのイギリス支配の根本的転換のための礎を据えた。この植民地はこれまで――バークが「インドの無法者」と呼んだ――征服者の通例の無慈悲なやり方で統治されてきたのであった。いまや注意深く計画された行政が置かれ、行政的方法に基づく恒久的統治の確立が目指される。この実験は「インドの無法者」が「イギリスの立法者」になるというバークが警告した危険の瀬戸際までイギリスを近づけたのである。(pp. 182-183/(2)一〇〇―一〇一頁)

いわば前世紀のバークの反対を押し切るかたちでディズレイリはインド植民地をイギリス帝国の下に包摂しようとしたのであった。だがディズレイリはそうした帝国支配の結果を最後まで見届けることはできなかった。それが完全に展開されるのは「アフリカ争奪戦」を待たねばならない。いいかえれば、たんなる「帝国」支配ではない本格的な「帝国主義」の展開がなければ、「人種思想」は「人種主義」とその致命的な結果をもたらさなかっただろうとアレントは言うのである。

人種思想はさまざまな政治的紛争のための都合の良い議論の源泉を提供するけれども、それぞれの国民の政治生活に対して何ら独占的な力をもつものではない。それは現在存在する利害対立や政治問題を先鋭化させたり利用したりはするけれども、新しい紛争そのものを創り出したり、新たな政治思想のカテゴリーを生み出したりはしないのである。人種主義が生まれてくるのはゴビノーやディズレイリのような「人種」の献身的擁護者にさえまったく未知の経験と政治的状況であった。才気煥発で着想に長けた人間と野蛮な行為、現実に野獣のごとき行いをする人間との間にはいかなる知的説明をもってしても架橋できない深淵がある。もし「アフリカ争奪戦」と帝国主義の新時代によって新たな衝撃的経験に西洋の人間性が曝されることがなかったならば、人種思想も一九世紀のその他の無責任な意見もしかるべき時に消滅していたはずである。（p. 183／⑵一〇二頁）

反ユダヤ主義も人種主義も、単独で政治的な結果をもたらすわけではない。それらが重大な結果をもたらすのは、特定の政治的な問題と結びつき、すでに存在する対立を政治的な問題へと先鋭化させた時である。問題をあくまでも政治の水準で考えるアレントの思考、特定の思想や社会的な差別、憎悪などが政治的な問題として浮上する歴史的な文脈——いいかえればそうした事柄を政治問題化する人々の行為の絡まり合い——を問題にするという彼女の思考の特徴はここにも明確に示されている。

第三節　「アフリカ争奪戦」と人種主義の形成

それでは「アフリカ争奪戦」にはじまる本格的な帝国主義の時代がもたらしたものは何だったのか。それは支配装置としての「人種」と「官僚制」の発見である。

　帝国主義の最初の数十年の間に二つの新たな装置が政治組織と外国の民衆を支配するために見出された。一つは政治体の原理としての人種であり、今一つは外国支配の原理としての官僚制である。国民の代替物としての人種がなければ、アフリカ争奪戦と投資熱はゴールド・ラッシュにつきものの無目的な「死と貿易の舞踏」[8]（ジョゼフ・コンラッド）に終わっただろうし、政府の代替としての官僚制なくしてはイギリスのインド所有はバークのいう「インドの無法者たち」の向こう見ずに委ねられたままで、時代全体の政治的雰囲気を変えることはなかっただろう。(p. 185)

すでに述べてきたように人種の観念にはヨーロッパにおける長い前史がある。官僚制もまたしかりである。だがそれが時代の空気を根本から変えてしまうような影響力を獲得するためには、「暗黒大陸」アフリカという場との出会いが必要であったとアレントは言うのである。

1　「人種」との遭遇

ヨーロッパ植民地政策の中でのアフリカ

　それではヨーロッパにとってアフリカとは何であったのか。もともとヨーロッパから植民が行われたのはアメリカやオーストラリアといった独自の文明と歴史をもたず、ヨーロッパ人の手に握られた地域であった。ヨーロッパが恒久的支配あるいは征服の意図をもたないアジアの諸地域には貿易基地が設置される。これに対してアフリカは植民史上ヨーロッパが手を触れなかった唯一の大陸であった。ただし北部の地中海沿岸は古代以来ヨーロッパの圏域に属していた。エジプト帝国とカルタゴの崩壊以降そこには信頼できる独立の政治組織が成立していなかったため、ヨーロッパはくりかえしアラブ地域の支配、イスラムに対するキリスト教徒の支配を試みたが、他の海外領土と同様には扱わず母国に編入しようとする。フランスやイタリアはそうした古代以来の方法を継承していたが、イギリスの方法はそれとは異なっていた。イギリスはスエズ運河防衛のためにエジプトに侵攻するが、征服や併合の意図を伴っていなかった。彼らの直接の利害関心はエジプトではなくインドにあった。イギリスの帝国支配にとってエジプトはインドのための軍事基地だったのである（pp. 186-187／(2)一〇七—一〇八頁）。

　喜望峰を通じてインド航路の要所であった南アフリカの位置もそうした状況に応じて変化することになる。一八世紀末にはイギリスによるインド独占——イギリス東インド会社がポルトガル、オランダ、フランスの競争相手を打倒する――、さらに一八六九年スエズ運河の開通によって、アジアへの通路としての意義は失われる。「もし前帝国主義期のしかたでケープ植民地があり続けたならば、それは実際に重要となるその瞬間に放棄されていただろう」(p. 188／(2)一〇八頁)。

だがダイヤモンドと金鉱の発見が一八七〇年代と八〇年代に相次ぎ、「余剰人員」、「四つの大陸からきたボヘミアン」がなだれ込んでくる。文明世界の現実から逃れた彼らがそこに見出したのが「未開の原住民の世界」であった。

ブーア人と人種主義の成立

帝国主義時代のアフリカの「未開の原住民」との遭遇が、どうして「人種」観念の成立をもたらしたのか。「奇妙なことだが、歴史的に見て、アフリカ争奪戦以前は『前史的人間』が西洋の人間に影響することはなかった」。ヨーロッパ人の入植によって数的に圧倒された未開部族の根絶や、合衆国への黒人奴隷の輸出が同様の影響をもたらしたことはなかったし、これまで暗黒大陸へ足を踏み入れた探検家が、そうした自然と野蛮人の世界で狂気に取り憑かれることはあっても、それは個別的な事例にとどまった(p. 191／(2)一一四頁)。

アフリカ争奪戦によってそうした事情は変化する。第一に、ヨーロッパ中から送り出された大量の「人間の屑」は、もはや孤立した個人ではなかった。そしてそこで彼らが出会ったのが、たんなる現地の野蛮人ではなく、先に入植したヨーロッパ人のなれの果てとしての「ブーア人」であったという第二の事情が加わる。

ブーア人は、一七世紀半ばにケープに定住したオランダ人入植者の末裔である。彼らはインド航路で寄港する船舶のために野菜や肉を提供していた。これにフランスでの迫害を逃れて渡ってきたユグノーの小さな集団が一八世紀に加わるが、それ以降ヨーロッパの歴史から切り離される。彼らは広大な荒野の中で一種の部族組織を形成して、多数の黒人部族に取り巻かれて生活することになる。劣悪な土壌と、多数の原住民の余剰の解決が「奴隷制」なのであった。ただしここでの奴隷制は圧倒的多数の原住民を馴致することはできなかった。彼らの「人間としての誇りと尊厳の感覚が自分たちの同胞として認めることを許さないような種類の人間」、およそ文明人にとって理解不能な人間に直面したときの恐怖は、「人種」の観念に圧倒的なリアリティを与えることになったのである（p. 185／(2)一〇五頁）。

もとより理解不能の「野蛮人」、野獣のごとき自然人というのは、あくまでもヨーロッパ人の眼に映ったそれである。アレントはこう述べている。

> 人類は諸民族の歴史を記憶しているが、先史的な部族については伝説による知識しか有していない。「人種」という言葉がまさしく意味を持つようになるのは、人々がそのように何の歴史的記録も持たず、自分たち自身の歴史を知らないような部族（tribes）に出会ったとき、また出会ったところにおいてなのである。彼らが「有史以前の人間」、つまり地上に最初に登場した時の生活形態をたまたま残した種族の人間であるのか、それとも「歴史以降の」人間、つまりある文明世界を終わらせた何らかの大災厄の生き残りなのかは分からない。おそらくは小さな災厄の繰

り返しの後に到来した大きな災厄で、壊滅的な状態の単調さそのものが人間生活の自然の条件に見えるようになってしまった、そうした大災厄の生き残りであるという方が確かに思われる。いずれにせよ、そうした意味での人種が見出されるのは自然がとりわけ敵対的な地域のみである。そうした人種を他の人間存在から区別するのは肌の色では全くなく、彼らが自然の一部として振る舞うという事実、自然をば議論の余地のない主人であるかのように扱うということ、彼らが人間の世界を形成せず、人間のリアリティを作り上げないで、それゆえ自然がそのあらゆる支配的な力を発揮して、唯一圧倒的なリアリティであり続けるという事実なのである——そうした自然のリアリティと比べれば彼らは幻、現実性のない亡霊のようなものである。彼らは、いわば固有の人間的性格、固有の人間のリアリティを欠いた「自然の」人間であって、ヨーロッパ人が彼らを虐殺する時にも、自分たちが殺人を犯しているのだとはどういうわけか気付かないのである。
(p. 192／(2)一二一—一二二頁)

ブーア人の部族組織と奴隷制はそうした野生の人間を征服し馴致するものではなく、むしろ「自然人」としての原住民にブーア人自身が適応した結果なのであった。彼らは土地に対する農民的な関係を失い、人間同胞に対する文明化された感情も忘却して、彼らが対峙した黒人部族、歴史を持たない「自然人」の水準にまで落ち込んだのである。

ここでアレントが述べている黒人原住民とそれに適応したブーア人の「部族（tribe）」が狩猟・遊牧民族などに典型的にみられる氏族・部族社会そのものなのか、そうした組織が自然的災害や征服などによって解体した結果を指しているのかという疑問は残されているが、[9]いずれにせよ通常の歴史的記憶や文化を有する民族集団の目から見れば、そうした「有史以前」あるいは「歴史的時代の崩壊以後」の人間集団は人間以下の生き物、いや人間の姿をしてはいるが人間ならざる異形の存在として映る。ヨーロッパの人間がそうした「有史以前」の人間に直面した時の驚愕を、アレントはコンラッドの『闇の奥』（一八九九年）の叙述を借りてこう表現している。

> この前史的人間がわれわれを呪っていたのか、祈っていたのか、歓迎していたのか――そんなこと誰に分かるだろう？　われわれは周囲の状況をまともに理解できなくなっていた。幽霊のように通り過ぎ、彷徨いながら秘かに怖気をふるっていた。たとえば精神病院で患者たちが突然興奮して騒ぎ出したら、正気の人間はそうなるに違いない。まったく理解できなかった、というのもわれわれはあまりに遠くまで来てしまい、何も思い出せなくなっていたからだ。われわれは原始の時代の闇夜を旅していた、遠く過ぎ去ってしまって何の痕跡も残さない――何の記憶も残っていない時代の闇夜を。大地はこの地上のものとは思えなかった。……そして原住民たちは……いや、彼らは人間とは思えないというわけではなかった。分かるかね、最悪なのはそこだ――彼らもまた人間ならざるものではないのではないか、という疑惑が。次第にそう思えてくるのだ。彼らは吠えて、跳びはね、くるくる回り、恐ろしげな顔をする。だがぞっとするのは、彼らもわれわれと同じ人間――君と同じような――で、この野蛮で凄まじい狂騒がわれわれと遠い血のつながりがあると考えるときなのだ。[10] (p. 190)

そうした「有史以前」の「自然的」人間の圧倒的な印象の下に、「人種」の観念に基づく「支配装置としての人種主義」は成立したのである。「その基礎、あるいはその釈明は、それ自体としては経験、想像を超え理解を超えた恐ろしい経験に基づいていた。実際、彼らは人間ではないと単純に宣言したくなる。しかしながら、あらゆるイデオロギー的説明にもかかわらず、黒人は自分たちが人間としての特徴を頑強に主張し続けたので、『白人』は自分たちの人間性を再考せざるをえず、自分たちは人間以上の存在で黒人にとっての神々となるべく神に選ばれたのだと考えることにしたのである。野蛮人との共通の絆を根本的に否定しようとすれば、この結論は不可避的であった」(p. 195/(2)一二一頁)。

ただしアレントがここで注目しているのは、たんなる「人種」の観念ではなく、「人種」という観念に基づいた支配、つまりは政治的な組織化のための装置としての「人種主義」の成立であることに注意する必要がある。ドイツ語版ではこう述べている。

> 人種という言葉は、似非科学的諸理論の霧の中から拾い出されて、独自の歴史の記憶もまた記憶に値する事績ももたない未開部族を指す言葉として使われるようになるやいなや、明確な意味をもつようになる。それとともに人種は本質的に政治的な概念となり、特定の政治的組織形態を指す言葉となる。「われわれは人種ではない、まず人種にならなければならない」とヒトラーが繰り返したとき、彼は「人種」という言葉をこの意味で使っていたのである。(S. 321/(2)一二一

頁）

「人種」という観念が政治的な支配装置として有効に機能するためには、観念の背後に一定の現実的な経験がなければならない。「暗黒大陸」の圧倒的な環境の下で原住民の生活に適応したブーア人の経験に基づいて、「人種」観念は成立した。そうであるからこそ、それは後に大陸の「汎民族運動」、ナチズムのための支配装置へと結びついていったのである。

> 根無し草（rootlessness）というのは、あらゆる人種組織の特徴である。ヨーロッパの「運動」が意識的にそうした根無し草を意図して、人民を流民の群れ（horde）に変えることを目的としていたとすれば、それに先立つブーア人の悲しむべき試みは一種の実験室のテストのように見える。意識的な目的としての根無し草を創り出すことは、まず第一には「余計者」に居場所を与えてくれない世界に対する憎悪に基づいていて、だからそうした世界の破壊が究極の政治的目標となり得たとするならば、ブーア人の根無し草は労働からの解放と人間の形成する世界からの解放の自然な結果なのであった。そうした顕著な類似性は「運動」とブーア人の「選民性（chosenness）」の解釈にも見ることができる。ただし汎ドイツ、汎スラブ、あるいはポーランドのメシア運動の「選民性」は多かれ少なかれ意識的な支配の道具であるのに対して、ブーア人のキリスト教の歪曲は惨めな「白人」が不幸な「黒人」によって神として崇められるという恐るべき現実に根ざしていた。(pp. 196-197)

2　モッブと支配装置としての「人種主義」

もとより状況が違っていたならば、ブーア人は他の世界に影響を及ぼすことのない孤立した種族、アフリカの野生と黒人世界の中でいずれは滅んでいくだろう白人の一部族にとどまったかもしれない――たとえばニーチェの妹エリーザベトが反ユダヤ主義者の夫ベルンハルト・フェルスターとともに人種思想に基づいて進めた南米パラグアイの植民事業の末裔のように。[11] だが金とダイヤモンドを求めて、イギリス人やその他のヨーロッパ人が流入してくる。そこで彼らは、ブーア人が陥った状況に適応していくことになる。そこには有り余るほど多数の原住民がいて、自分たちも余剰人員として地球の隅々から集まったモッブも額に汗して金やダイヤモンドを掘る必要がなかったからである。

モッブとユダヤ人

大量の黒人非熟練労働者とそれを監督するモッブ、さらに現地では調達できない熟練労働者や技術者をヨーロッパから輸入し、彼らを組織するのがヨーロッパに蓄積された余剰資本であり、その媒介をしたのがユダヤ人金融業者であった。彼らもまたユダヤ人の正規の銀行業において余剰となった部分、いわばユダヤ人のモッブであり、その多くは同時期に起こったロシアでのポグロムを逃れて南アフリカに渡ってきたのである。かくしてユダヤ人が「人種」社会のただ中に放り込まれることになる。

ブーア人たちが他の外国人よりも憎み恐れたのは金融家であった。金融家が余剰資金と余剰人員との結合において鍵となる存在であること、本質的に一時的な金鉱掘りをより広く恒久的なビジネスに結びつけるのがその役割であることを彼らはともかく理解していた。そのうえ、イギリスとの戦争はほどなくより決定的な側面を明らかにする。戦争を促進したのは外国の投資家であって、彼らが遠く離れた国々での膨大な利潤を守ることを事の成り行きとして政府に要求したのはまったく明らかであった――外国人民との戦争に携わる軍隊が原住民の犯罪者をとりしまる警察であるかのようにである。ブーア人たちにとっては、この種の暴力を金とダイヤモンド生産のような傍い仕事にもちこんだのは金融家本人ではなくて、モッブの中からのし上がってきた者、そしてセシル・ローズ（一八五三―一九〇二年）のように利潤より拡張のための拡張を求める者たちだということは問題にならなかった。金融家たちのほとんどはユダヤ人であり、彼らは余剰資本の本当の所有者ではなくその代表者にすぎず、この投機と博打に政治的目的と暴力とを導入するだけの政治的影響力も経済力も持たなかったのである。（p. 200／⑵一二七―一二八頁）

イギリスとの戦争（ブーア戦争）を契機として、ブーア人は外国人投資家、その典型としてのユダヤ人に対する憎悪をつのらせることになる。ここに反ユダヤ主義と「人種主義」が接点をもつことになった。「ナチスが意識的に反ユダヤ主義運動を展開するはるか以前から南アフリカでは、アイトランダー〔南アフリカ語で外国人を意味する〕とブーア人との間の紛争に人種問題が『反ユダヤ主義』の形をとって侵入していたのである」(p. 202)。人種主義と反ユダヤ主義が結びつく人種主義的な反ユダヤ主義が自然なかたちで成立したということは、逆に言えば、そこからただちに重大な政治的影響はもたらされなかったということでもある。

> ナチスにとって人種主義と反ユダヤ主義が文明を破壊して新たな政治体を建設するための主要な政治手段であったのに対して、南アフリカでは人種主義と反ユダヤ主義は事物の自然な成り行きであり、現状維持(status quo)の結果にすぎなかった。それらが生まれるのにナチズムを必要としなかったし、ナチズムに間接的にしか影響を及ぼさなかった。(pp. 205-206/(2)一三三頁)

南アフリカでは人種主義と反ユダヤ主義の結合にもかかわらず、ナチズムは生まれなかった。そこに欠けていたのは何か、これが以下の諸章の論点の一つとなる。

人種主義とアジア

しかしながら南アフリカでの「人種主義」の成立はいくつかの直接的な効果をもたらしている。一つは「南アフリカの人種社会がヨーロッパの人々の行動様式にあたえた現実的で直接的なブーメラン効果」である。

南アフリカの国内での供給が一時的に滞るときにはインド人や中国人の安い労働力が集中的に

輸入されるようになって以来、ただちに有色人に対する態度の変化がアジアでは感じられるようになった。ここではじめて人々は、文字通り理解不能だとヨーロッパ人を驚愕させたアフリカの野蛮人とほとんど同じ扱いを受けることになったのである。違っていたのは、インド人や中国人を人間でないかのように扱うのにはどんな釈明も理屈も通用しないということだけである。この場合には誰もが自分がしていることが分かっていたはずだから、ある意味では、ここから本当の犯罪が始まったのである。アジアでは人種観念は多少とも修正されたことは事実である。自らに課せられた重荷だとして「白人」が言うところの「高等種族と低級種族」という区別には、それでもまだ段階的な発展の尺度と可能性が残されていて、まったく別種の動物の生活だという観念は免れている。だが他方では、アジアの見知らぬ異邦人という観念に人種原理が取って代わるということは、アフリカ以上に意識的に適用された支配と搾取のための手段となったのである。

（p. 206／⑵一三四頁）

帝国主義がもたらした最初のブーメラン効果は、本国イギリス政治の帝国主義への適応ではなく、アジアでのヨーロッパ人の態度に与えた影響であった。安価な労働力としてインド人や中国人労働者が南アフリカに導入された結果、アジア人もまたアフリカ黒人と同様に「人種」として扱われるようになる。独特の歴史と文化をもつことがヨーロッパ人にとっても明白なはずのアジア人に対して適用されることによって、「人種」観念は意識的な（その意味において犯罪的な）帝国主義的支配と搾取の手段となったとアレントはいうのである。[12]

支配装置としての人種

今一つの、直接的ではないが後の全体主義の発展にとってはるかに重要な結果は、「人種」という原理に基づく支配の経験そのものであった。

南アフリカの人種社会はモッブたちに、恵まれない集団でも暴力をもってすれば自分に従属する階級をつくり出すことができるし、そのためには革命は必要ではなく、ただ支配階級の集団と結託すればよいこと、外国の民族、遅れた民族はそうした方法をとるための格好の機会を提供してくれるのだという、困惑させるような予兆をともなう教訓を与えたのである。

アフリカ経験のもたらすこうした衝撃を全面的に理解したのは、〔ドイツのアフリカ植民地政策の中心人物であった〕カール・ペータース（一八五六—一九一八年）のようなモッブの指導者たちであった。彼らもまた支配民族とならねばならないと決意を固めたのである。アフリカ植民地の所有は後にナチスのエリートになっていくものが開花する最も肥沃な土壌となった。彼らはどのようにしたら民衆を人種に変換することができるか、どのようにしたらこの変換過程の主導権を握ることで自分の民族を支配人種の地位にまで高めることができるのかを自分の目で見たのである。……これらのリーダーたちがはっきり理解したのは、ブーア人は野蛮人の部族のレベルにまで退化したからこそ彼らの議論の余地のない主人となったということである。もし他の「人種」に対して主人となれるなら、彼らは人種組織のレベルにまで後退するという代償を払う用意があ

った。（pp. 206-207／⑵一三五―一三六頁）

ただしアフリカ争奪戦にはじまる本格的な帝国主義時代の経験――世界の隅々から金とダイヤモンドを求めて殺到したモッブの経験――からヨーロッパ本国における人種主義的運動の成立までの間には、なおいくらかの距離がある。[13] とりわけドイツやオーストリアなどの大陸における歴史的・地理的条件を考慮せねばならない。これが第八章「大陸帝国主義：汎民族運動」の主題となるが、その前に、帝国主義がもたらした今一つの産物である官僚制について検討しておかねばならない。「人種」がいわばヨーロッパの隅々から来た「文明の最低の分子」を惹きつけたとすれば、官僚制は「その最良の知識層、しかもしばしば最も明確な視野をもつ者たち」を引き寄せたのである（p. 186／⑵一三六頁）。

3　イギリス帝国支配の特質

インド植民地統治と官僚制

ここでいう「官僚制」とは、いわゆる「法の支配」に基づく「統治（government）」と対比される官僚による支配のことである。次章で検討されるオーストリアやロシアなどの大陸帝国主義において、官僚制的支配は重要な意義を持つことになるが、さしあたり問題となるのは海外帝国主義の代表であるイギリスの植民地統治の過程で形成される官僚制である。

> 帝国主義支配の二つの装置のうち、人種は南アフリカで発見され、官僚制はアルジェリア、エジプト、インドで発見された。前者はもともとは、ヨーロッパ人にとってはその人間性が恥辱や恐れを抱かせるような部族と出会ったことによる無意識の反応であるのに対して、後者は、絶望的に劣っていて彼らの特別の保護を必要と感じさせるような外国の民衆をヨーロッパ人が統治しようとする行政の結果であった。(p. 207/(2)一〇四―一〇五頁)

官僚制の伝統が欠如している英国では、植民地でこそ官僚制が形成される。その出発点となったのがインドの植民地統治であった。イギリスは一八五七―五九年のセポイの反乱以降、本格的な直接統治に乗りだしていくことになる(一八五八年インド統治法)。すでに述べたように一八七六年四月にはディズレイリによってヴィクトリア女王に「インド女帝」の称号が与えられ、イギリスによるインド公式支配が確立するが、これに伴って植民地統治の担い手となるべき官僚養成制度が形成される。一八五五年には本国に先駆けてインド高等文官(Indian Civil Service)に競争試験が導入され、本国出身のすぐれた人材が登用されることになったのである。[14]

キプリングと帝国の伝説

インド植民地統治に身を投ずることになった行政官たちは、金やダイヤモンドを追い求めるモッブとは異なる独特の責任意識をもっていた。

バークのいう「無法者」の後を受けたイギリスのインド行政官たちの誇張された責任意識は、イギリス帝国が実際には「一時的な放心状態（a fit of absentmindedness）」のうちに獲得されたという事実に物質的な基盤を有していた。それゆえ、この既成事実に直面し、たまたま偶然によって彼らが手に入れたものを維持するという仕事に携わることになった者たちは、そうした偶然をある種の意図的行為の結果に変えるような解釈を見出さねばならなかったのである。そのような事実を歴史的に変化させることは古代以来伝説の役割であったし、イギリス知識人が夢見た伝説が官僚とイギリス秘密諜報員の形成に決定的な役割を演じたのである。（pp. 207-208／(2)一三六―一三七頁）

フランス革命批判で有名なエドマンド・バークは一七六五年にホイッグ党の下院議員として活動を始め、北アメリカ植民地住民との和解を主張して、後には独立を支持していたが、インド植民地統治に関してもその腐敗を痛烈に批判し、初代インド総督ウォーレン・ヘイスティングスを弾劾していたのであった。一八世紀イギリスの植民地統治に対するバークの痛烈な批判にもかかわらず――あるいはその意図せざる結果として――形成されるインドの公式支配を弁証する伝説形成の代表が、自らも英領インドに生まれて第二次ブーア戦争の時期（一八九九―一九〇二年）には南アフリカにも滞在していた作家ラドヤード・キプリング（一八六五―一九三六年）であった。キプリングが描く登場人物は、イギリス帝国主義の担い手の典型を示している。そこには下等人種に対する「白人の責任」（The "white man's burden"）というイギリス的偽善とともに、「竜退治の伝統」とでも呼びたくなるようなものが存在する。異国の人々を救うための騎士的な冒険への夢想に駆り立てられて彼らは海外へ飛び出していったのである（pp. 208-210／⑵一三八―一四〇頁）。

重要なのは、公式のイギリス支配の舞台裏で役割を果たしたこれらの奇妙なドン・キホーテ的な弱者の擁護者たちが、原住民のナイーブな想像の産物というよりも、最良のヨーロッパ的・キリスト教的伝統を含んだ夢の産物だということである。すでに少年時代の他愛ない理想に堕していたとはいえ、西洋世界の偉大さを原住民たちに教えたのは陛下の兵士でもイギリスの高官でもなく、そうした少年時代の理想から抜け出せなかった者たちであった。植民地での勤務に進んで飛び込んでいった彼らこそ、その任に適していたのである。（pp. 210-211／⑵一四〇頁）

帝国主義的行政官クローマー卿

そうした帝国主義的行政官の代表がクローマー卿であった。クローマーは一八七二―七六年にインド総督ノースブルック卿の秘書として「前帝国主義的時代」のインド統治に手腕を発揮する。イギリスによるインドの公式統治の起点となった女王のインド女帝就任の一八七七年にはじめてエジプトに渡り、財政破綻したエジプトの債務処理に債権国イギリスの委員として参加、一八八二年九月イギリスのエジプト軍事占領にともない翌年九月に総領事に就任する。ここでクローマーは帝国主義的なエジプト支配の担い手へと変身したのである。

> 南アフリカのセシル・ローズの統治とクローマーのエジプト支配との際だった類似性は、両者がその国を望ましい目的ではなく、想定された高次の目的のための手段と見たことにある。それゆえその超然とした冷淡さ、臣民に対する関心がまったく欠如している点で彼らは共通していた。そうした態度はアジアの専制支配者の残酷さや恣意性とは異なっていたし、征服者の遠慮会釈ない収奪とも、一つの種族（race tribe）が他の種族に対して行う無秩序で気狂いじみた抑圧とも異なっていた。クローマーがエジプトをインドのために統治しはじめるやいなや、彼は「おくれた民族」の保護者としての役割を喪失していったし、もはや「従属人種の自己利益を図ることこそが帝国機構全体の原理的基礎である」と本気で信じてはいなかったのである。（p. 212／⑵一四三―一四四頁）

南アフリカにおける帝国主義政策を主導したセシル・ローズの巨大な虚栄も、クローマーの義務感も、たどりついた結論は同じであった。すなわち、拡張は特定の国に対する欲望のためではなく、さらなる拡張のための布石に過ぎないことを彼らは発見したのである。

アラビアのロレンス

帝国主義的行政官とならんで、今ひとつの鍵となる人物像がアラビアのロレンス（一八八八―一九三五年）に代表される秘密諜報員である。第一次大戦中にアラブの民族運動を支援するという――後のイギリス帝国支配にとってばかりか、戦後の世界にとって重大な影響をもたらすことになった――ロレンスの活動そのものが、キプリングが『少年キム』（一九〇一年）で描いた中央アジアをめぐるロシアとイギリスの諜報戦と同じく「グレート・ゲーム」なのであり、彼にとっては諜報員としての自らの存在そのものがゲームの一部なのであった。

> ロレンスがその目的を達成できるのは、ただアラブ諸部族の中に民族運動をかき立てて、これを究極的にはイギリス帝国主義に役立てることによってである。彼はアラブの民族運動が自分にとって何よりも重要な関心事であるかのように振る舞わねばならなかった。自分自身がそう信じ込んでしまうほど彼はその役割を演じきったのである。(p. 219／(2)一五五頁)

ただし、これらイギリス帝国主義の担い手たちの活動は、本国に「ブーメラン効果」を及ぼすことにはならなかった。

ヨーロッパのモッブが白い皮膚はアフリカでは「すばらしい美徳」になり得ることを発見した時、インドのイギリス人征服者達が、もはや法の普遍妥当性ではなく、統治し支配する自分たちの生得的資質を信ずる行政官になった時、竜退治の騎士と冒険者たちが「高級人種」である「白人」、官僚とスパイに姿を変えて、無限の動機を秘めた無限の「大いなるゲーム」を演ずるよう

> になった時、イギリス情報局が（とりわけ第一次世界大戦後）イギリス最良の息子たちを惹きつけて、彼らがその不思議な魅力に従って故郷の共通善に奉仕すべく世界中を駆けめぐるようになった時、あらゆる恐怖が可能となる舞台は整ったかに見えた。一つにまとまれば人種主義に基づく全体主義統治を生み出す諸要素は知らず知らずのうちに眼前に迫っていた。「行政的大量殺戮」はインドの官僚が提案していたし、アフリカの官吏たちは「人権のような倫理的考慮が」白人支配の「障害となるようなことは許されない」と宣言していたのである。
>
> 　幸運だったのは、イギリスの帝国主義的支配は俗悪に堕していたけれども、そこでなされた残虐行為は両大戦間期にはそれ以前のどの時期よりも少なかったし、最低限の人権がつねに守られていたことである。あからさまな狂気の中でもそうした抑制が働いたことこそ、後にチャーチルが「陛下の帝国の清算」と呼んだ事業への道を均し、ついにはイギリス国民（the English nation）を、イギリス諸民族のコモンウェルス（a Commonwealth of English peoples）に転換させることになったのである。（p. 221／⑵一五九―一六〇頁）

　アフリカにおいて展開されていたイギリス帝国主義支配のうちにすでに人種主義と反ユダヤ主義、俗流化した官僚支配といった、ナチスの全体主義支配の前提となるような諸要素はすべて出そろっていた。にもかかわらずそれが決定的な結果をもたらすにいたらなかったのは、海外植民地と本国の間の距離ともあいまって、あからさまな帝国主義支配とその要素を本国の政治に取り入れることに対して存在していたある種の抑制ゆえであった。たとえ英国一流の偽善であったとしても、結局はそれが第二次大戦後の帝国の清算を可能にしたのだとアレントは言うのである。[15]

大陸ヨーロッパの帝国主義運動の場合には事情は異なっていた。これが第二部第八章の主題となる。

第四節　大陸帝国主義と種族的ナショナリズム

ヨーロッパ大陸の帝国主義運動とそのイデオロギーとしての「汎民族主義」にアレントが注目するのは、なによりもまず、それらが全体主義イデオロギーとしてのナチズムやスターリニズムに大きな影響を与えているからである。

ナチズムとスターリニズムは他のいかなるイデオロギーや政治運動にもまして汎ゲルマン主義と汎スラブ主義（のそれぞれ）に多くを負っている。このことが一番明確に表れているのは対外政策である。ナチス・ドイツとソビエト・ロシアの戦略は第一次大戦前や戦時中の汎民族運動によって描かれた周知の征服計画にあまりに忠実に従っているので、その全体主義的な意図がなにかドイツやロシアの恒常的な利益の追求であるかのようにしばしば誤解されるほどである。ヒト

> ラーもスターリンもその支配の方法を発展させる際に帝国主義からの負債を認めたことは一度もないが、二人とも汎民族運動のイデオロギーから多くのものを借りたりスローガンを模倣したりしたことを認めるのに吝かではなかった。（p. 222／(2)一六一―一六二頁）

ナチズムとスターリニズムは、中欧・東欧の「民族混合ベルト地帯」を基盤に生まれた「汎民族運動」をそのイデオロギー的源泉としている[16]。アレントにとって、ナチスとスターリニズムという二つの全体主義は共通する地理的地盤の上に現れた歴史的現象なのであって、たんに類型論的な観点から比較されているわけではない。

汎民族運動それ自体は――人種の観念と同様に――本格的な帝国主義の展開に先行して形成されている。汎スラブ主義は一八七〇年頃にはスラブ主義（Slavophiles）の漠然・混沌とした理論として成長していたし、汎ゲルマン主義感情も、すでに一九世紀半ばにはオーストリアで流布していた。これが広範な層の想像力を捉えて運動へと結晶化するのは、西洋諸国の帝国主義的拡大が本格的に始まる一八八〇年代になってからである。

海外進出に後れをとり、十分な植民地を獲得できなかったヨーロッパ大陸諸国の帝国主義は、イギリスのような海外帝国主義とは異なり、当初から本国において展開され、経済上の理由からというよりは「拡大された種族意識（tribal consciousness）」から国民国家の狭隘さに反対する。それゆえにまた大陸帝国主義は当初から人種思想と親近性を有していた（pp. 223-224／(2)一六四頁）。

海外帝国主義におけるモッブと資本の同盟は――南アフリカを例外として――通常は資本が主導権

を握るのに対して、汎民族運動の主導権はつねに特定のタイプの知識人に導かれたモッブの側にあった。そうした知識人たちは人種思想を利用してモッブを汎民族運動へと組織していったのである——その意味において汎民族運動によるモッブの組織は全体主義運動の先駆となる。彼らが提示した対外政策構想は、全体主義が目ざしたような地球規模の支配には及ばない控えめなものであったが、ゲルマン化された中欧、ロシア化された東欧といった広域支配の構想——聖なるロシア、神聖ローマ帝国といったその「神聖な後光（aura of holiness)」——をナチズム、スターリニズムは継承していくことになる（pp. 225-226／⑵一六八頁）。かくして大陸諸国においては——もともと国民国家そのものの確立が遅れる、ないし不十分なものにとどまったがゆえに——特定の国民国家の枠を越えた広域の支配圏の観念を伴う汎民族運動が、旧来の国民的な愛国主義の枠を越えた新たなナショナリズム、種族的ナショナリズムへとモッブを動員することになったのである。

1　種族的ナショナリズム

したがって、大陸帝国主義の種族的ナショナリズムはたんなる排他的なナショナリズムやショーヴィニズムの急進化ではない。

　心理的な点でいえば、最も暴力的なショーヴィニズムであってもこの種族的ナショナリズムと

> は異なっている。ショーヴィニズムが外向的で、目に見える精神的・物質的な国民的達成に向けられているのに対して、種族的ナショナリズムは、その最も穏健な形態（例えばドイツ青年運動のような）においても、内向的で、個人それ自体の魂に関心が集中していて、その魂こそが一般的国民的資質を体現しているとされる。神秘主義的なショーヴィニストでさえ（〔シャルル・モーラスの〕統合的ナショナリズム（nationalisme intégral）の場合のように）なお現実に過去に存在していた事物を指向していて、それを人間の統制下に置こうとしただけであったのに対して、種族的ナショナリズムは現実には存在しない似非神秘的な要素から出発して、これを将来に完全に実現しようとするのである。(pp. 226-227／(2)一六九―一七〇頁)

現実から遊離してひたすら自己の内面世界に集中する種族的ナショナリズムの特徴は、政治的には常に「敵の世界」を想定し、他の民族とは異なる当該民族の唯一無二の特質を強調し、理論的には共通の人類の存在を否定する――これはやがて人間性そのものの破壊にまで行き着く――ことにある。汎民族運動のそうした「近代」的性格を最もよく示しているのが、反ユダヤ主義に対するまったく新しい立場であった。オーストリア＝ハンガリー帝国におけるスラブ人やロシア帝国におけるチェコ人などの抑圧された少数者は、すでに述べたように国家と結びつくユダヤ人を彼らの抑圧者と見なすことになる。とりわけ東欧・中欧のようにそれぞれの民族集団の帰属意識と国家に対する忠誠が一致しない――ロシア・ツァーリに対して忠誠心を持たないポーランド人の愛国主義、ビスマルクを民族の偉大な指導者と見るオーストリアのドイツ人等々というかたちで――場合には、そうしたユダヤ人の存在は彼らの眼にはたんなる抑圧者ではなく外国の抑圧者の手先として映る。だが汎民族運動における反ユダヤ主義には抑圧された民族的少数者の経験からだけでは説明できないものがある。

> 人生観や世界観すべての中心として反ユダヤ主義が登場してきたこと――ドレフュス事件のフランスのように反ユダヤ主義がたんなる政治的役割を果たしているのとは違い、またドイツのシュテッカーの運動のようにプロパガンダの手段としての役割とは違って――を理解する手がかりは政治的な事実や環境にではなく、種族主義の性質そのもののうちにあった。汎民族運動における反ユダヤ主義の真の意義は、ここではじめてユダヤ人憎悪が、ユダヤの人々に関する実際の経験から、政治的、社会的、経済的に解放されて、イデオロギーの奇妙な論理のみにしたがったことにある。（p. 229／(2)一七三―一七四頁）

種族的ナショナリズムのそうした性格をもたらした最大の原因は、いうまでもなく民族の解放と国民主権に基づく西欧型の国民国家の未発達に求められる。

人民の代表と国民主権の要求をともなってフランス革命以来一九世紀を通じて発展してきた国民国家は民族（nationality）と国家という二つの要素が結びついて成立した。この二つの要素は一八世紀にはまだ分離していたし、ロシアやオーストリア＝ハンガリーではいまなお分離しているのである。歴史の舞台に登場した諸民族の解放は、文化的・歴史的統一体としての自己意識と恒久的な郷土（home）としての領土を獲得した時に達成される。そうした領土の上に歴史はその痕跡を残し、彼らの先祖の共同の労働によって開墾され、共通の文明の行く先にその未来はかかっているのである。国民国家が成立したところではどこでも移民は終わりを告げるが、東・南ヨーロッパではその確立に失敗した。そこでは確固と根を下ろした農民階級に依拠することができなかったからである。（p. 229／(2)一七四頁）

国民国家が解放された農民階級の政治体であるとすれば、東欧からバルカン半島にいたる地域は国民国家が依拠すべき農民階級が十分なかたちで存在していない地域なのであった。すでに述べたように国民国家は国家と階級社会との間の微妙なバランスの上に存立し、ナショナリズムはそれを結ぶ紐帯としての役割を果たしている（p. 231／(2)一七七頁）。これに対して、国民意識が不分明な種族や民族的な意識を超えて発展せず、言語も方言の段階にとどまり、農民階級がまだその国に根を下ろしていないような地域では、彼らの国民的特性は公的関心事や文明の問題というよりは、むしろ個人の人格の内に存在する――いわば持ち運びできる――属性のように見える。種族的ナショナリズムはまさに特定の土地とのつながりをもたない根無し草（rootlessness）の雰囲気の中で成長してきたのである。それは東欧・中欧の抑圧された諸民族の間にひろがり、ドイツやロシアなど特定の国民的母国と各地に分散したドイツ人、スラブ人とを結ぶ新たな形態の組織としての汎民族運動を形成する。

海外帝国主義が他民族に対する相対的優越、国民的使命、「白人の重荷」といった観念で満足

> するのに対して、汎民族運動は絶対的な選民性の主張から出発する。ナショナリズムはしばしば宗教の感情的な代替物といわれるが、汎民族運動の種族主義がはじめて新たな宗教理論と聖なるものの新たな観念を提供したのである。(pp. 232-233/(2)一八〇頁)

汎民族運動は彼らの民族の神聖な起源を主張したが、これはユダヤ・キリスト教の人間の神聖な起源への信仰と対立する。もとよりユダヤ・キリスト教と聖書からただちに人間の自然的平等が導き出されるわけではないが、神が最初の人間を創ったという形而上学的起源がすべての人間の政治的平等、統一的な人類という観念の基礎となっていたことは確かである。一九世紀の実証主義と進歩主義はそうした人類の自然的な平等の観念を揺るがし始め――人間の相違は歴史と環境によるものと説明される――、ナショナリズムの「国民的使命」という観念は、民族間の相違と優劣を自然的な起源によるものと主張していたが、人種主義はこの人類共通の起源そのものを否定したのである。[17] そこでは他のすべての民族に対する自民族の究極的な優位性が主張され、人類の統一性とその共通の目的といった観念は完全に拒否される(p. 234/(2)一八二―一八四頁)。この自民族の究極的な神聖性という点において、汎民族運動の理論は人種主義と結びつくことになる。汎民族運動の民族の観念が、西欧型国民国家の国民観念とは異なり――人間の自然的・生物学的相違にもとづく――人種観念に接近していった理由はここにあった。

自分がたまたまドイツ人やロシア人に生まれたという事実だけに個人の価値を求めても、人間

> としての尊厳がそれで与えられるわけではない。だがここにはそれに代わる新たな団結があり、民族の構成員がみな互いに信頼し合っているという感覚がある。原子化された社会で孤立した個人はたんなる数の多さや強制的で画一的な結束によっては保護されないのではないか、という近代人のもっともな心配にそれは応えてくれるのである。同様に、「民族混合ベルト地帯」の人々は、他のヨーロッパの地域よりも歴史の嵐にさらされて、西欧の伝統にそれほど根をもたない地域の人々は、他のヨーロッパの人々よりも早くから人間性の理念と人間の共通の起源というユダヤ・キリスト教の信仰に恐怖を感じていた。彼らは「高貴な野蛮人」についてのいかなる幻想も持たなかった。人間の邪悪さがどんなことまでしでかすのか、人食いの習慣の研究などせずとも彼らは知っていたからである。人々がお互いを知るようになればなるほど、それだけ他の人々を自分たちと平等な存在とは認めようとはせず、人間性の理想などには尻込みするようになるのである。（p. 235／⑵一八四―一八五頁）

どんな観念にもある種のリアリティの感覚が伴っている。宗教的なそれであれ、人道的観点からであれ「人類」という観念の背後には、人間の行った事柄についてわれわれは共に責任を担っているのだという半ば本能的な感覚があったはずである。だが帝国主義あるいはコミュニケーションの発展によって地理的な距離がますます縮まることによって、そうした「人類」の理念や「共同責任」の観念は机上の理想や夢想家の観念遊戯ではなく、人々の日常生活における現実的な問題となる。多様な民族集団をへだてていた距離が縮まり障壁が撤廃された後に生まれてくる苛酷な現実に直面して、われわれは彼らとは起源からして異なる種族や人種なのだという観念は、人類とその平等の理念を拒否する格好の口実となったのである。種族主義ナショナリズムや人種主義がもっていた政治的リアリティの根拠はまさにここにあった。

種族的ナショナリズムと反ユダヤ主義の連結

人種主義と接近した種族的ナショナリズムは反ユダヤ主義とも結びつくことになる。そうした事情を典型的に示しているのが、オーストリアにおける反ユダヤ主義の主唱者としてすでに名前が挙がっていたシェーネラーである。

シェーネラーは反ユダヤ主義を発見したのであるが、それと同時に、おそらくはほとんど偶然にその可能性に気づいたのであった。彼がなによりも破壊したいと考えていたのはハプスブルク帝国であったから、多民族構成に依拠した国家で一つの民族を排除することがどんな効果をもたらすのかを予測するのは難しいことではない。この奇妙な国家構造の全機構、その官僚機構の微妙なバランスは、もし穏健な抑圧――その下ですべての民族が一定の平等を享受している抑圧状態――が民衆運動によって掘り崩されれば、揺るがされることになるだろう。だがこの目的のためであれば汎ゲルマン主義者によるスラブ民族への激しい憎悪でも十分に役立っただろう。そうした憎悪は汎ゲルマン運動が反ユダヤ主義に転じるはるか以前から存在していて、ユダヤ人のメンバーもそれを支持していたからである。

> 汎民族運動の反ユダヤ主義をあれほどまでに効果的にして、第一次大戦勃発前のあの欺瞞的な平安の時期に反ユダヤ主義プロパガンダが一般的に退潮する中で生き残ることを可能ならしめたのは、東ヨーロッパの種族的ナショナリズムとの融合であった。というのも汎民族運動の民族についての理論と、根を持たないユダヤ民族の存在には親和性があったからである。ユダヤ人は種族的（tribal）な意味での民族の完璧な例のように見えたし、ユダヤ人の組織は汎民族運動が競って真似しようとするモデルであり、ユダヤ人が生き残っていること、彼らが持っていると想像された権力は人種理論の正しさの証明であるように見えたのである。（p. 239／(2)一九〇―一九二頁）

汎民族運動の種族的ナショナリズムにとって、特定の故郷や土地との結びつきをもたないユダヤ人こそ、民族のあり方の模範であり、そうであるがゆえにこそ危険な競争相手として考えられたのである。

ただし、汎民族運動によって形成された種族的・人種主義的イデオロギーが現実に影響力を発揮するようになるには、まだしばらくの時間を要した。このことは有名な『シオンの賢者の議定書』の事例がよく示している。ユダヤの世界支配の陰謀計画を示すとされるこの偽書はすでに一九〇〇年頃にロシア秘密警察によって作成されたといわれるが、一九一九年までは半ば忘れられていた存在であった。第一次世界大戦の後になってからこれが急速に広がりはじめ、ヒトラーの『わが闘争』（一九二五―二六年）についで普及するようになる。偽書の作者も予想しなかったかたちで議定書に書かれた世界支配の計画は実行に移されることになった。秘密警察による支配の可能性はスターリンによって、そして人種主義の原理と反ユダヤ主義を最大限に利用する支配はヒトラーによって実現される。汎民族運動の種族的ナショナリズムが反ユダヤ主義という結集軸を獲得したとき、ヨーロッパのユダヤ人の運命と、ユダヤ人の存在を組み込んだ国民国家体制の解体の方向は定まったのである。

狂信的な汎民族運動がそのイデオロギーの標的にユダヤ人を据えることを思いついたことによってヨーロッパのユダヤ人の終焉は始まったのだが、それは歴史がもたらした最も論理的かつ最も苦い復讐の一つであった。というのもユダヤの選民思想、宗教と民族を同一視して、自分たちは歴史における絶対的な地位を占めている神に選ばれた存在なのだという彼らの主張が西洋文明にもともとなかった狂信主義の要素（これは真理を排他的に所有しているというキリスト教の主張に継承される）を持ち込むとともに、他方では人種的な逸脱に危険なほど近い高慢な要素を持ち込むことになったのだ、というヴォルテールからルナンやテーヌにいたるまで繰り返されてきた「啓蒙的」な主張には幾分かの真理がもともと存在していたからである。（p. 242／(2)一九六頁）

2　大陸帝国主義における官僚制

人種主義とならぶ帝国主義のもう一つの産物である官僚制は、大陸ヨーロッパではより明確なかたちでその姿を現すことになる。

法と合法的制度の公然たる無視、そして無法性のイデオロギー的正当化は海外帝国主義に対する大陸帝国主義の特徴である。このことは部分的には、大陸帝国主義が外国での無法の支配と母国の合法的制度とを分離できるだけの地理的距離を欠いていたことによる。同じく重要なのは汎民族運動というものが立憲的統治を経験したことのない国で生まれ、それゆえ彼らの指導者が政府と権力を上からの恣意的決定という形で理解していたことである。(p. 243／(2)一九八頁)

大陸帝国主義における官僚制はまさに「政令(decree)による統治」であり、いわゆる「法による支配」とは対立する。そうした命令による上からの官憲的な支配は、オーストリア＝ハンガリーのように異なる民族の混住する広範な領域を支配するうえで適合的な手段であったが、とりわけ官僚制支配の顕著な事例となったのはロシアのツァーリの帝国であった。[18] 広大な領土に広がり、およそいかなる政治的組織の経験も持たないような原始的な住民に対して官僚制の包括的な権力が行使される。そこでは小役人の気まぐれと日常的な偶然が支配し、その結果として混沌としたアナーキーの雰囲気が生み出される。汎スラブ主義の知識人たちは、そうした「偶然の支配」をいわば神の摂理として讃えたのである。

際限なく続く文学的変奏の中で、汎スラブ主義者たちは西欧の皮相な俗物性に対してロシアの深遠さや凶暴さを対置した。西欧は苦難も犠牲の意味も知らず、文明化された不毛な表面の裏に

> は浅薄さや陳腐さが隠されているというのである。全体主義運動はこうした漠然としているが厳しい反西欧のムードに訴求力の多くを負っている。そうした反西欧のムードはとりわけヒトラーの権力掌握前のドイツやオーストリアでは流行していたし、一九二〇年代のヨーロッパの知識人一般を捉えていたのである。(pp. 246-247／(2)二〇四―二〇五頁)

西欧に対してロシアの深遠性・神秘性を賛美するロシア知識人の汎スラブ主義は、ドイツやオーストリアだけでなく、第一次世界大戦の衝撃によって旧来の文明世界に懐疑的となったヨーロッパ全体の知識人たちに影響を与えて、「全体主義の基礎を準備する強力な情動的要因」となったのであった。もちろんロシア本国においてその影響はより直接的かつ強力である。

> 　汎スラブ主義者は汎ゲルマン主義者の同類ほど国家に対抗しなかったし、ツァーリを運動の先頭に押し立てようとしたこともある。彼らがそうしようとした理由はもちろんツァーリのおかれた立場が、オーストリア＝ハンガリー皇帝も含めたヨーロッパのどの君主とも相当に違っていたことにある。ロシアの専制は西欧的意味での合理的国家にまで発展したことは一度もなく、流動的で無政府的、未組織のままにとどまった。それゆえツァーリズムはしばしば汎スラブ主義者にとっては独特の神聖な威光につつまれた巨大な原動力のシンボルに見えたのである。汎ゲルマン主義とは違って、汎スラブ主義はスラブの魂とその運動の必要に適した新たなイデオロギーを発明する必要はなく、ただツァーリズムを運動自身の反西欧的、反立憲的、反国家的表現として解

釈して神秘化すればよかったのである。(pp. 247-248／(2)二〇六頁)

ただし、そうしたロシア・スラブの条件は、『全体主義の起源』第三部で論じられる全体主義的運動の本格的な展開にとっては逆に制約となる。

> 組織論の点では汎ゲルマン主義は幾分優位に立っていた。一人一人のドイツ人は運動に加わらなければその優れた資質を剝奪されることになるからである（これはナチズムが党員でないドイツの人々に対して示した底意地悪い軽蔑の予兆である）。これに対して汎スラブ主義はスラブの魂についての際限ない思弁に没頭していて、すべてのスラブ人は適切な組織の如何に関わりなく、意識的にか無意識的にかそうした魂をもっていると想定するのである。ナチスがドイツ人に対して示した軽蔑をボリシェヴィズムがロシア民衆に示すにはスターリンの無慈悲さが必要だった。(p. 249／(2)二〇八―二〇九頁)

全体主義運動にとどまらず、具体的・歴史的な連関においては一見すると有利な条件がむしろ最終的な結果の成立にとって制約となるという逆説がしばしば見られる。そうした条件の違いを伴いながらもオーストリアとロシアの二つの帝国における官僚支配の伝統は、そこから生みだされた大陸帝国主義とそのイデオロギーとしての汎ゲルマン主義と汎スラブ主義とともに、ナチスとスターリンによる二つの全体主義の成立のための沃土を作りだしたのであった。

3　政党の解体

大陸帝国主義の種族的ナショナリズムに基づく汎民族運動は、国民国家の基盤そのものが脆弱であったという条件とも相まって、その政治的な組織基盤である政党を破壊する。イギリス型の海外帝国主義が、直接に国内政治に影響を与えることができなかったのに対して、大陸帝国主義は、実際の領土や植民地というかたちでの権力の拡張には失敗したが、国内において広範な諸階層を帝国主義運動へ動員することによって、深刻な「ブーメラン効果」をもたらすことになった。帝国主義運動は政党外の民衆を組織することに成功したのである。[19]

ヨーロッパの政党システムを実際に解体したのは汎民族運動ではなく全体主義運動であるというのは確かである。しかしながら汎民族運動は、小規模で相対的に無害な帝国主義者の結社と全体主義運動の間に位置していて、あらゆる帝国主義連盟の類に顕著に見られるスノビズムをすでにぬぐい去っている限りにおいて、彼らは全体主義者の先駆者なのである。富と生まれによるイギリス流のスノビズムであれ、ドイツのような教養のスノビズムであれ、そうしたスノビズムから彼らが脱却しているからこそ、人民を代表すると称する制度に対する民衆の深い憎悪を利用することができたのである。ナチズムが敗北してボリシェヴィキの脅威が高まっているにもかかわらずヨーロッパにおいて運動の訴求力がそれほど損なわれていないのも驚くには当たらない。現

状では、ヨーロッパで議会が軽蔑されず政党が憎悪を受けていない唯一の国はイギリスである。(p. 251／(2)二一二頁)

「党派を超越」して国民的な利害を代表するというのは、一九世紀末に登場する帝国主義的な運動の——ならびに第一部で述べたように反ユダヤ主義政党の——共通した主張であったが、汎民族運動は自らを「党派を超えた党派」、政党システムを超越した「運動」として組織することに成功したのである。その意味において、汎民族運動にはじまり全体主義運動にいたる「運動」は、政党と議会に対する民衆の深い疑念と憎悪をその原動力としている。[20] アレントは後に、既成の政党システムに対抗して形成される「評議会制」を本来の政治的経験の場として高く評価することになるが、同時に民衆の中から出てくる反政党・反議会の潮流には、全体主義運動へ連なる「運動」の要素があることに注意が必要であろう。[21]

　これに対してイギリスの場合には事情は異なっていた。イギリスの政治制度の安定の要因であるといわれる二大政党制と大陸の多党制との相違は政党の数の多寡ではなく、「政治体の内部での政党の機能・役割」にある。イギリスの二大政党制においては、政党が政府を代表し国を実際に支配し、一時的にではあれ統治政党は国家と同一となる。政党の支配期間は限定されており、次の支配者となる野党によって政府は実効的に統制される。したがってここでは国家は政党に組織された市民の集団によって掌握されるのに対して、大陸政党制においては、国家が政党を超越して全体を代表し、政党は経済的その他の特定の利益代表に自己を限定する。アングロ・サクソンの政党が「国民的利益」に奉仕するための「特定の原則」に基づいて組織され、政党のうちに代表される個別の諸利益は、政府の必要によってチェックされることになるのに対して、大陸政党制ではもっぱら私的利害をもつ個人が組織されるのである（pp. 252-254／(2)二一四―二一五頁）。こうした政党の性格の相違は、運動が興隆して権力を掌握する上で重要な条件となるであろう。[22]

しかしながら大陸ヨーロッパに登場した「党派を超える」運動の多くはなお特定の利害を促進する、あるいは特定の集団を国家機構につけるための運動にとどまった。その典型がイタリアのファシズムである。アレントによればムッソリーニ（一八八三―一九四五年）のイタリア・ファシズムは一九三八年にいたるまではいまだ全体主義ではなく、通常の国民主義的独裁にすぎなかった（p. 256／(2)二一九頁）。

イタリアや、やや程度は劣るがスペイン、ポルトガルのラテン系諸国では、カトリック教会という「超国家的」勢力との対抗上、国家崇拝がなおナショナリズムのスローガンとして現実的な有効性をもっていた――それゆえカトリック教会はファシズムが反キリスト教でも全体主義でもないことを賢明に見抜いて政教条約（コンコルダート）を締結するか、あるいはスペイン・ポルトガルのように同盟関係を結ぶことになる（pp. 257-258／(2)二二一頁）。ムッソリーニのファシスト運動は自らを「諸政党を超えた政党」、全体としての国民の利害を代表するものと主張して、国家機構を掌握した後には国家の最高権威と自らを同一化し、国民を国家の部分にしようと試みたのであった。ファシズムとその指導者は決して自らを「国家」や「国民」を超えるものとは考えなかった。彼らは軍隊のような国民主義的手段を利用し、国家機構とみずからを同一視していた。「ファシスト独裁は――ヒトラーともスターリンとも異なり――古典的政治理論の意味での簒奪者にとどまり、その一党支配体制は多数政党システムと緊密に結合していたのである」(p. 258/(2)二二二頁)。

アレントにとって全体主義の本質はまさに既存の国家と政党システムの破壊にあった。全体主義にとって、一党独裁のそれも含めてあらゆる国家は、拡大し続ける運動の絶えず変化する要求の障害になる。全体主義の特質がまさに国家や通常の軍隊、そして国民そのものを乗り越えるところにあることは第三部で詳しく論じられることになる。汎民族運動の既成の政党システムに対する敵意こそ、そうした全体主義運動のさきがけとなるものであった。

汎民族運動の政党システムに対する敵意が実践的な重要性を獲得したのは、第一次世界大戦の後に、政党システムが有効に機能する装置ではなくなり、様々な事情によって完全に階級から脱落した大衆の増大に耐えきれずにヨーロッパ社会の階級システムが崩壊した時であった。そこで前面に出てきたのはもはやたんなる汎民族運動ではなく、全体主義的なその後継者であった。彼らは数年のうちに他のすべての諸政党の政策が反ファシズムか反ボリシェヴィキ、あるいはその両方になるほどの決定的な影響を与えることになった。この外見上は外からの否定的な圧力によって、古い諸政党はもはや特定の階級利害の代表としては機能せず、たんなる現状(status quo)の擁護者になりさがっていることが白日の下にさらされたからである。ドイツとオーストリアの汎ゲルマン運動が急速にナチズムに結集していく過程は、より緩慢で複雑な経路をたどって、汎スラブ主義者が、レーニンのロシア革命による徹底した解体の後にスターリンを心底から支持す

るようになったのに対応している。（p. 260／(2)二二四―二二五頁）

その意味において、ナチズムとスターリニズムという二つの全体主義は、東欧・中欧の「民族混合ベルト地帯」に生まれた種族的ナショナリズムのイデオロギーに基づく汎民族運動の継承者であり、その歴史的基盤の上に成立したのである。

第一次世界大戦後、一九一九年のパリ講和会議で結ばれた講和条約は東欧・中欧にウィルソンの民族自決原則に基づく国民国家の組織を導入することになるが、そこでは支配的な民族がしばしば相対的な多数者にとどまり、多くの民族的少数者を抱え込むことになる。そうした状況は結果として政党システムの階級的基盤を解体することになった。ここでは政党システムの腐朽と国民国家の威信の低下とが並行して進行する。こうして両大戦間期の東欧・中欧では、国家の制度を攻撃し、特定の階級に依拠しない運動により大きなチャンスが与えられることになった。ファシズムやナチズムの憎悪は個別の階級にではなく階級システムそれ自体に向けられる。彼らは階級システムをマルクス主義の発明物だとして攻撃したのであるが、他方ではコミュニスト自身も一九三五年以後の人民戦線戦術においては、マルクス主義イデオロギーにもかかわらず階級への訴えを放棄していたのである（p. 261／(2)二二六頁）。既成政党は大衆を受け入れる準備もなかったし、興隆しつつある運動とその指導者の政治的影響力を正当に評価することができなかった。かくして大陸政党システムは崩壊することになる[23]。それは同時に政党を通じて代表される階級に依拠していた国民国家そのものの解体でもあった。

大陸政党システムの異様に急速な衰退を考える時、留意しておかねばならないのは、この制度全体が非常に短い生命だったということである。一九世紀以前にはどこにもそれは存在していなかったし、ほとんどのヨーロッパ諸国では政党の形成は一八四八年以後にようやく行われたのであった。したがって国民〔国家〕政治の制度として何の挑戦も受けることなく支配した期間は四〇年も続かなかった。一九世紀最後の二〇年間には、フランスでもオーストリア＝ハンガリーでも重要な政治的発展はみな、すでに議会諸政党の外で、議会諸政党に対抗して生じていたし、他方ではどこでも小規模な帝国主義者の「政党を超えた政党」が攻撃的な拡張主義的対外政策のために人民の支持を求めて制度に挑戦していたのであった。

帝国主義連盟が国民国家との同一化のために政党から超然としていたのに対して、汎民族運動はその諸政党を国民国家を包括する一般的システムの一部分、一角として攻撃していた。彼らは「諸党派から超然」としていたというよりも人民との直接的同一化のために「国家から超然」としていたのである。全体主義運動は最後には人民までも見捨ててしまった。だが人民の方では彼らがプロパガンダのために利用した汎民族運動の足跡を辿って行ったのである。「全体主義国家」というのは外見上国家であったに過ぎなかった。運動はもはや人民の必要にさえ結びついていなかったのである。(pp. 264-265／(2)二三二―二三四頁)

第五節　国民国家体制の崩壊と「人間の権利」

第二部第九章「国民国家の衰退と人権の終焉」では、第一次世界大戦による国民国家の国際体系の崩壊とその結果が論じられている。その意味において本章は、これまでの論述――国民国家とユダヤ人の関係、その解体の中から出てくる反ユダヤ主義、国民国家解体の原動力としての帝国主義と汎民族運動による大陸政党システムの崩壊――を踏まえた第一部、第二部全体の総括としての位置を占めている。

第一次世界大戦によるオーストリア＝ハンガリー二重王国とロシア帝国の崩壊の衝撃は、国民国家解体の震源地である「民族混合ベルト地帯」を直撃する。それまで諸民族をつなぎ止めていた紐帯の残滓が中央集権的・専制的官僚制の解体とともに消滅した。それは相互に対立し合う諸民族を隔てていた障壁の崩壊でもあった（p. 267）。

二つの多民族帝国の解体は、それまでの戦争の犠牲者、財産を失った中産階級、失業者、年金生活者などとは異なる二種類の犠牲者を生み出す。民族的少数者と無国籍者である。彼らは不可譲のものとされてきた「人間の権利」そのものを剝奪された人々である。

1　民族少数者問題と「無国籍者」

パリ講和会議とマイノリティ保護条約

　無国籍者が革命その他の政治的事件の結果であるのに対して、民族的少数者はパリの講和会議で定められた一連の講和条約の結果であった。講和会議を主導した英米仏など諸大国の指導者（ピースメーカー）たちは、一定の土地に根づいた同質的な住民という国民国家建設のための大前提が欠けているところに、いわゆる民族自決原則に基づいて国民国家を設立しようとしたのである。[24]そこでは特定の「国家民族（state nation）」に国家が与えられ、一定の民族集団はその対等のパートナーとされる（チェコスロヴァキアのスロヴァキア人、ユーゴスラヴィアのクロアチア人とスロヴェニア人）一方で、残りの民族集団は「マイノリティ」とされる。そうしたマイノリティ保護を義務づける条項が東欧・東南欧の新設国家（ならびに敗戦国）に課されることになった。[25]「その結果、国家が認められなかった人民は、公式のマイノリティであれ単なる民族（nationality）であれ、マイノリティ保護条約はある者には支配権を、他の者には隷属を与える恣意的なゲームと見なすことになる。他方で、西欧諸国民と同様の主権を認められた国民は、新たな国家だけを拘束して、ドイツのような敗戦国でさえ拘束されない少数者保護条約を約束違反で差別だと考えたのである」（p. 269／(2)二四二頁）。

　そうした破滅的な実験を主要国があえて試みた理由は、東欧・中欧に生じた混沌とした権力真空状態に対する懸念だけではない。すでに植民地の人々が民族の自決を求めているこの段階で、ヨーロッパの一〇億の人々の要求を拒否することはもはや困難であった。植民地支配の方法をヨーロッパに導入するというのでなければ、民族自決と主権の付与は不可避なことのように思われたのである。

要するに、もとよりヨーロッパの現状（status quo）は維持できなかったし、ヨーロッパの専制支配の最後の残滓が崩壊した後にようやく明らかになったのは、ヨーロッパはその人口の少なくとも二五％の要求にも応えないし考慮にも入れないような体制によって支配されていたということである。だがそうした害悪は、およそ一〇億住民の三〇％のみが例外として特別にマイノリティ条約によって守られるような継承国家の設立によっては治癒されなかった。（p. 270／⑵二四四頁）

講和条約によって新たに設立された国際連盟に対してもマイノリティたちは信頼を寄せるわけではなかった。[26]「国際連盟は結局はそれぞれの国民国家の政治家によって構成されていて、彼らの同情は全人口の二五％から五〇％にあたる住民による妨害や反対を受けている新設国家の政府の方に向けられていた。それゆえマイノリティ条約の創設者はただちにその実際の意図をより厳格に解釈することを余儀なくされて、新設国家に対するマイノリティの義務を指摘せねばならなかった。条約は痛みを伴わない人道的な同化の方法として理解されるようになった。もちろんこの解釈はマイノリティを激怒させたが、主権的国民国家の体制の内部ではそれ以外に何が期待できただろうか。もしマイノリティ条約が混沌とした状況に対する一時的な治療策以上のものであろうとするなら、それは国家主権に対する制限を意味することになり、ヨーロッパの旧列強の国家主権にも影響を及ぼすことになったであろう」(pp. 271-272／⑵二四四―二四五頁)。

国際連盟を主導する大国の代表はマイノリティがいずれはそれぞれの国民国家の中に同化されるか消滅すると想定していた。人道的な方法で迫害から保護するために移住させるというかたちであれ、政治的な考慮によるマイノリティ民族の本国との双務的条約というかたちであれ、国民国家と国家主権の原則そのものに手を触れることは考えていなかったのである。[27]

> 国際連盟もマイノリティ条約も、新設された国家が多かれ少なかれマイノリティを強制的に同化させるのを妨げることはできなかっただろう。同化に抵抗する最大の要因は、いわゆる国家民族が数的あるいは文化的にまだ弱体であるということでしかなかった。ポーランドのロシア人マイノリティやユダヤ人マイノリティはポーランド文化が自分たちの文化より優れているとは思わなかったし、ポーランド人が人口のおよそ六〇%を占めているからといって特段の影響を受けなかった。(p. 272／⑵二四六頁)

民族的少数者の側も黙っていたわけではない。一九二五年一〇月二四日から二六日にジュネーヴで開かれた「ヨーロッパ・マイノリティ会議(Congress of Organized National Groups in Europe)」はマイノリティの「地域超越的性格」を無視しようとした国際連盟に対する明確な対抗組織であった。[28] その中心となったのはすべての新設国家に代表をもち、これらの地域に影響力を行使できる二つの民族、ドイツ人とユダヤ人であった。それはヨーロッパのいずこにも固有の母国をもたない「抜きんでたマイノリティ」として国境を越えた保護を要求してきたユダヤ人[29]と、敗戦後の戦略から、また多数のドイツ系住民が東欧・中欧の各地に存在していた関係からマイノリティの保護者としての役割を演じることになったワイマール・ドイツとの束の間の協調関係であった。もとよりドイツ側の行動はあくまでも自国とその民族の利益（national interest）に基づいていた。したがって一九三三年ナチスの政権掌握後に起きたドイツでの迫害をめぐって、ドイツ代表はドイツとの連帯を表明し、会議の多数がこれに同調したのに抗議してユダヤ人代表は脱退することになる。かくして国際連盟とマイノリティ条約の限界を超えようとした試みは挫折したのである（p. 273／⑵二四六―二四八頁）。

マイノリティ条約の本当の意義はその実際的適用にではなく、それが国際的団体である国際連盟によって保証されたという事実にある。マイノリティはそれ以前にも存在していた。だが恒常的な制度としてのマイノリティ、数百万の人々が通常の法的保護の外に生きていて、彼らの基本的な権利は外部の団体からのさらなる保証を必要としていることが認められたこと、そしてこうした状態は一時的なものではなく継続的な暫定協定（modus vivendi）を確立するための諸条約が必要であるという想定――これらはみな新しい事態、このような規模ではヨーロッパの歴史上はじめての事態であった。マイノリティ条約が明白に述べているのは現行の国民国家の体制が暗黙の内に示していたこと、すなわち、国籍を持つもの（nationals）だけが市民になることができ、同じ民族的な起源をもつ人々だけが法的制度の完全な保護を受けられるのであって、異なる民族の場合には、彼らが完全に同化するか民族的な由来を捨て去らない限りは例外的法規によるしかないということである。（pp. 273-274／(2)二四八―二四九頁）

結局のところ、マイノリティ条約はオーストリア＝ハンガリーならびにロシア帝国――さらにはオスマン・トルコ帝国――の崩壊後、その継承国家として新設あるいは新たに領土を獲得した諸国家に対して、民族少数者に対する例外的保護措置を押しつけるものであった。だが、大戦による秩序の崩壊と国家の再編は民族的少数者に加えて今一つの人間集団、「無国籍者」を生み出すことになる。

無国籍者と人権の喪失

民族的少数者は法的にはどこかの政治体に属していて、彼らの置かれた状況から特別条約その他のかたちでの付加的な保護を求めているという意味において「半分無国籍」であったに過ぎない。なるほど彼らは自分自身の言語を話し、自らの文化的・社会的環境で生活する権利は侵害されているかもしれないが、居住や労働などの基本的権利を侵害されているわけではない。その限りにおいて民族的少数者は例外的な現象と見なすことができた。だが第一次大戦後新たに生じてきたのは、一定地域の住民が強制的あるいは半ば強制的に移住・移送され、どこにも定住を保障されないという事態であった。住民の総体的移送の可能性を第一次大戦後の講和条約とマイノリティ条約は想定していなかったのである（p. 275／(2)二五〇頁）。

このような、国家の保護を受けず、基本的な居住の権利さえ保障されない大量の「無国籍者」の登場は現代史のまったく新しい現象であり、その数はますます増大しつつある。第一次大戦の講和条約によるオーストリア゠ハンガリーの解体、バルト諸国の設立によって「故郷喪失者」となった者たち、戦争終結時に生まれ育った土地にいない者たちは、とりわけ故郷が他国の領土になった場合、異民族の支配する「故郷」に戻らずに、むしろ「無国籍」であることに避難所を求めることになった。さらに革命によって故郷から追放され、革命政府から国籍を剥奪された大量の亡命者（refugee）が生まれる。重要なものだけでも数百万人の亡命ロシア人、数十万のアルメニア人、数千のハンガリー人、数十万のドイツ人、さらに五〇万以上のスペイン人が無国籍者となった。第二次大戦後にはさらに「難民（displaced person）」といわれる大量の「無国籍者」、第一次大戦と同様の「故郷喪失者」、戦間期と同様の公認された「亡命者」に、ナチスの強制収容所・絶滅収容所や人口政策の生き残り、「鉄のカーテン」の向こうからの数百万の亡命者が加わる（pp. 276-278／(2)二五一―二五五頁）。

　こうした大量の難民、無国籍者の出現がもたらした第一の結果は、亡命者に対する庇護権（right of asylum）の崩壊である。これまで保障されてきた政治的な亡命者の保護は、国民国家がみずからの市民を国境を越えて保護するようになると、国際法とも国家の権利とも矛盾するものと見なされるようになり、憲法や国際協定、国際連盟規約でも言及されなくなる（p. 278／(2)二五六頁）。

　無国籍者の出現による第二の衝撃は、帰化あるいは再定住化[30]（repatriation）がもはや不可能であることが明らかになったことである。難民となった人々をどこかの国に再定住化させる試みも、多くの場合にその住民の出身国も他の国も無国籍となった者の受け入れを拒否したために挫折した。現存の国民国家と主権の法的システムのもとで、異邦人を移送する地域の再設定のためのいかなる協定も成立は困難であり、無国籍者の法的地位を定めようとする国際会議はいずれも失敗してきた。帰化という方策も不可能である。ヨーロッパの帰化の制度は当該地域で出生した市民を「国民」として想定していて、外国から例外的に個人を受け入れてきたが、大量の無国籍者が集団として流入することで制度そのものが機能しなくなったのである（pp. 281-283／(2)二五八頁）。

　無国籍の人々は居住の権利も、働く権利も与えられず、法を恒常的に逸脱する存在となる。公的に認められたアイデンティティを奪われた彼らにとって、残された手段は何らかの形で「名声」を獲得することで無名の群衆の中から抜け出すことである。一九世紀末にユダヤ人がおかれた境遇、例外ユダヤ人たちが脱出しようとした境遇に大量の無国籍者は置かれることになる。世紀末の例外ユダヤ人の試みが社会的逸脱や犯罪と裏表の関係にあったのと同様に、国民国家とその基盤である市民社会そのものが崩壊する中で、無国籍者の境遇はますます犯罪者に近いものとなる。国民国家は彼らに対して保護と法を提供することができずに、問題を警察に委ねることになる。こうして西欧ではじめて警察が独自の権威をもって人々を直接に支配する事態が到来した。第二次大戦前からすでに民主主義国家においても警察官の数は治安を名目として増大していたばかりか、彼らは「〔ナチスの〕ゲシュタポや「ソビエトの秘密警察」GPU《ゲーペーウー》との密接な協力関係の組織に乗り出していて、外交における警察の独自のイニシアティブについて語り得るほどであった」のである（p. 285／(2)二六八頁）。

無国籍者としてのユダヤ人

　そうした無国籍者の中心に位置していたのがユダヤ人であった。彼らは、特定の母国や故郷をもたず、したがっていかなる国にも法的保護や権利の保障を求めることのできない存在、その利害が国際的に保障された保護によってはじめて擁護される唯一のマイノリティ集団であった。[31] その意味において、無国籍者の問題はまず第一にユダヤ人問題なのである。

講和条約によってつくり出された最初の故郷喪失者（Heimatlose / apatrides）はそのほとんどが継承国家からやってきたユダヤ人であった。彼らはその故郷の新しい少数者保護の下に置かれることができないか、あるいは置かれることを望まなかった。ドイツがドイツ・ユダヤ人を強制的に移民や無国籍者にする以前から、彼らは無国籍者のかなりの部分を占めていた。ヒトラーがドイツ・ユダヤ人の迫害に成功してから数年のうちに、マイノリティを抱えるすべての国は彼らの国外追放を考えはじめたし、その際まず初めに着手する相手が「抜きんでたマイノリティ（minorité par excellence）」、いまや嘲笑の対象であるマイノリティのシステム以外に何の保護も受けられない民族だったのは自然なことだった。

無国籍者の問題は主要にはユダヤ人問題だという観念は、この問題を無視して済まそうとするあらゆる政府の口実となってきた。今や時が過ぎ、近年の歴史で最悪の出来事はご存じユダヤ人の歴史とユダヤ人問題の異例さによってつくり出された異例の事態にすぎない、と主張することができるようになったのである。[32]（p. 286／⑵二六九―二七〇頁）

だがまさにユダヤ人問題が国民国家の解体にともなう現象である以上、ユダヤ人問題とそこに集約される民族的少数者と無国籍者の問題は、ユダヤ人だけの特異な問題として処理することはできない。大量の無国籍者の存在は、国民国家体制が保障する法の前の平等そのものの崩壊を示している、とアレントはいうのである。

2 「人間の権利」と「人間の条件」

無国籍者の存在の意味するものは何か。彼らが奪われているのはたんなる政府による保護だけではない。無権利者がまず最初に喪失するものは「故郷」、つまり「彼らが生まれて、そこで世界の中の特定の場を自ら確立する環境世界であり、さまざまな関係と文脈の交錯によって成り立つ社会的な生地（texture）」なのである（p. 290／(2)二七五頁）。彼らが奪われているのはたんなる「生命や自由や幸福追求、法の前の平等や意見表明の自由」ではない。これらは一定のコミュニティの中で問題を解決するためのものであるが、コミュニティそのものを彼らは剝奪されているのである。彼らはこの世界の中に居場所をもたないのである（p. 293／(2)二八〇頁）。

　したがって、今日われわれが「人権」と呼ぶべきものは、そのような「人間の条件」の一般的性質のことなのである。人間が人間として生き、活動することのできる世界を保障することこそが「人間の権利」の実質でなければならない。その意味において、フランス革命の人権宣言に対するバークの批判はいまなお重要性を失っていない。

> これらの事実は、人間の権利などというものは「抽象」であって、生命自体と同じく子孫に伝える「継承された遺産」に依拠すること、不可譲の人権よりは「英国人の権利」として権利を主張する方がはるかに賢明であるというバークの主張を裏付けているように見える。バークに従えば、われわれが享受している権利は「国民の内部から」発するものなのであるから、自然法も、神の命令も、ロベスピエールのいう「人類」や「地上の主権者」のようないかなる人類の観念も法の源として必要ではないのである。
>
> 　これまでの多くの経験に照らしてみれば、このようなバークの考えの実践的な健全さは疑う余地がない。人権の再建も、最近のイスラエル国家の事例が証明するように、これまでのところ国民的な権利の再建あるいは確立によってのみ達成されたのである。(p. 295; 2nd ed., p. 299／(2)二八五頁)

「人権」という観念は、「人間一般」の存在を想定するものであるが、実のところわれわれが見出したのは、「いまなお人間であるということを除けば、他のいかなる資格も特別の関係も事実として喪失してしまった人々」であった。抽象化され、一切の具体的関係を剥奪された、いわば裸の人間一般のうちには神聖なものなど何もないことを世界は発見したのである――ナチスの迫害を受けたユダヤ人の置かれた状況は、まさしくそうした丸裸の人間、「他人の同情にまったく依存した、無防備で剥き出しのままの人間」であった。[33] われわれが人間として生きるためには、政治的な活動のための場、

共通世界としてのコ

　われわれの政治

いる。というの

活動でき、そして

の暗黒の背景、変更しえないユニークなわれわれの性質によって形成された背景は、政治的な場に「異邦人（alien）」として乱入してくる。そのあまりに明白な相違はわれわれに人間の活動の限界というものを思い出させる——それは人間の平等性の限界と同一である。古代都市国家や近代国民国家のような、高度に発達した政治的コミュニティにおいて、あまりにしばしばエスニックな同質性が主張されるのは、可能な限りこれらの自然で常に現存する相違や区別を減少しようとするからである。そうした相違は無言の憎悪、不信、差別を引き起こす。それらは人間が意のままに行為したり変更したりできない領域、つまり人為の限界をあまりに明白に示すからである。「異邦人」は相違という事実、個性そのものの驚くべきシンボルなのであり、人間が変更できない領域を示す。そうした領域では人間は活動できないし、それゆえ破壊への顕著な傾向を示すことになる。もし黒人が白人コミュニティで黒人以外の何ものでもないと見なされるならば、彼は平等への権利とともに行動への自由、人間に固有の自由を失う。彼の行為すべてはいまや彼が「黒人」であることの「必然的な」結果として説明され、彼は人間と呼ばれる動物種の見本となるのである。すべての明確な政治的資格を失って、人類以外の何ものでもなくなった人間にも

ほとんど同様のことがおこる。(p. 297)

そうした「人間の条件」としての共通世界の必要性は、当該構成員にとっては自明かつ自然なものと観念される。しばしばエスニックな同質性が共通世界の条件と見なされるのは、特定の人間集団のうちに形成されてきた共通世界の文化的その他の特質が、構成員にとっては共通世界の必要性とあまりに結びついていて、もはや人為的には変更できない自然なものと見なされるからに他ならない。外見や身体的特徴などの属性は自明で自然な共通性の目に見える根拠とされるのである——他方でそうした属性は、これを共にしない者を人間以前の動物と見なす根拠にもなる。

今日われわれは人間的な共通世界から排除された人間、文化的・政治的環境を剝奪され、人間以下の存在として生きる人間を生み出している。「人間の権利の喪失に含まれるパラドクスは、そうした喪失の瞬間が、ある人間が人類一般になった瞬間と一致するということである。彼は職業もなく、市民権も持たず、意見ももたず、自分自身を確認し特定する行為もない存在となり、そして同時に一般的に異なる存在、共通世界の中での表現や活動を奪われて、あらゆる意義を喪失した絶対無比の存在であること以外に何ものをも代表しない、そうした存在となるのである」(pp. 297-298/(2)二八九頁)。

フランス革命以来の国民国家と人権の体系の崩壊によって、われわれはそうしたあらたな脅威、人間以前の野蛮の状態へ投げ返される危険に直面しつつある。いわば人間以前の人間の増大は、われわれの政治的世界、複数の人間によって構成された世界そのものを崩壊に導くだろう。「いかなる文明であれ、おそろしい危険はもはや外からやって来るのではない。自然は支配されて、もはや野蛮人が彼らの理解できないものを破壊するという脅威は、数世紀にわたってモンゴル人がヨーロッパを脅かしたような脅威は存在しない。全体主義統治の出現もわれわれの文明の外からではなく、内部から生まれた現象なのである」(p. 298／⑵二九〇頁)。

今日の脅威はまさにヨーロッパ世界の内部から登場するだろう。かくして全体主義登場の舞台はここに整った。

第四章　全体主義の成立

――『全体主義の起源』第三部「全体主義」

第一節　階級社会の解体

1　「マス」という現象

第一部・第二部において、ヨーロッパ国民国家の国際体系の崩壊とともに、全体主義へと結晶していくことになる諸要因、帝国主義の展開とともに現れる種族的ナショナリズム、そして反ユダヤ主義が検討された。しかしながら全体主義の成立のためには、それらに加えてまったく新しい要素が必要となる。いいかえれば、その要素がこれまでの政治体制になかった特質を全体主義に与えることになる。その要素とは大衆（mass）である。

> 大衆という言葉が当てはまるのは、たんに数の多さや無関心から、あるいはこの両方が結びついたために、政党や自治体、職業組織や労働組合などいかなる組織にも共通の利益によって統合することのできない人々のみである。潜在的には大衆はあらゆる国に存在するし、まったく政党には参加せず選挙にもほとんど行かない中立で無関心な多数の人々の大部分がそうなのである。
>
> (p. 305／⑶一〇頁)

政治的に組織されていない巨大な人間の集積、これがさしあたりの大衆（マス）の定義である。[1] 膨大な人間集積のないところ、小国では全体主義は不可能であり、そこに成立するのは精々のところ階級独裁までである。全体主義運動の特質は、大陸の国民国家の古い利益政党のように階級ではなく、マスとしての大衆の組織を意図し、成功したところにある。

モッブと大衆

大衆は、第一部の最後で扱われたドレフュス事件で登場し、第二部の帝国主義の展開の時期にアフリカの金鉱に殺到したモッブとは異なる。あらゆる階級から脱落した残滓の集合であったモッブに対して、大衆は、国民国家の基盤としての階級社会そのものの解体、とりわけ大陸に顕著であった階級－政党のシステムの崩壊によって登場する。階級を基盤とする国民国家においては、階級、すなわち特定の社会的ステータスへの所属が政治参加の条件あるいは敷居となっていた。社会的に興隆してきた階級は政党を組織することによってその構成員の一部に職業政治家としての政治教育と訓練の場を与える一方で、人民の大多数はそうした政治組織の枠外におかれ、政治参加と政治的責任から排除された。国民国家の基盤としての階級と政党システムの崩壊は、政治的に無関心な市民、組織されない巨大な個人の集積としての大衆を登場させることになる。

階級社会の崩壊というこの雰囲気の中でヨーロッパの大衆的人間（mass man）の心理は発展してきた。大衆の一人一人に降りかかる運命は単調で空疎なほど画一化されているという事実は、彼らが自分自身の運命を個人的な失敗と考えたり、世界を特別に不正だと考えることを妨げるものではない。しかしながら、そうした自己中心的な酷薄さは、個人的な孤立（isolation）のなかで繰り返されるのだが、個人個人の違いを根絶するその傾向にもかかわらず共通の絆とはならない。というのもそれは経済的であれ社会的であれ政治的であれ、なんら共通の利益に基づいていないからである。この場合には自己中心性は自己保存の本能の決定的な弱体化と手を携えて進むことになる。自己など問題ではなく、どうでもよい存在なのだという感情、そうした意味における無我（selflessness）というのは、もはや個人的理想主義の表現ではなく、一つの大衆現象なのである。（p. 309／(3)一九―二〇頁）

階級社会の解体の中でバラバラにされ、共通の利益さえもたない大衆を組織するためには、彼らに適したイデオロギーと組織の方法が必要となる。モッブに適合的なイデオロギーは大衆には通用しない。だが他方で有能なマス・リーダーの多くはモッブの中から出現してくる。ここに全体主義運動を理解する上での難点がある。ナチスの指導者や幹部のかなりの部分が、いわゆる階級脱落分子、モッブから来ていたことから、かれらに典型的な種族的ナショナリズムやニヒリズムといったイデオロギー的特徴をもってナチスの本質とされることがあるが、そうした理解は誤っている（p. 311／(3)二三頁）。彼らは全体主義運動の初発の担い手として重要な役割を果たすし、そのイデオロギーの一部も大衆組織のプロパガンダの重要な構成要素として組み込まれるのではあるが、その直接の延長線上に全体主義運動ならびに体制は成立しない。両者の間の関連と断絶が『全体主義の起源』第一部・第二部から第三部への最大の論点である。

ロシアにおける階級社会の解体

階級社会の解体による大量の人間集積としての大衆の形成が全体主義の前提であることは、ロシアのスターリン体制の場合にも当てはまる。すでに述べたように帝政ロシアにおいては専制的で中央集権化された官僚制が無構造な大衆を支配していて、地方の封建秩序も残っていなかったし資本家階級も形成されていなかった。革命によって政権を奪取したレーニンはあらゆる機会を捉えて社会的な階層分化を強化することで革命を擁護しようとする。農村での大衆の土地収奪を合法化して、ロシア史上最初で最後の解放された農民階級——フランス革命以来国民国家の堅固な支持基盤であった階級——を創出し、独立の労働組合の組織を促進することによって労働者階級を強化した。内戦終結後のいわゆる新経済政策（ＮＥＰ）による新中産階級の育成、さらにはさまざまな民族の組織化など、この点でレーニンはマルクス主義の教義よりは政治家としての本能に従って行動していたのである。ボリシェヴィキ革命後、いわば二次的あるいは擬似的に形成された国民国家と階級社会が解体・清算された後にスターリンの全体主義体制は姿を現すのである[2]（pp. 312-313／(3)二四―二六頁）。

本来は国民国家の基盤となるはずのこれらの新階級は全体主義の展開にとっては障害であり、スターリンはこれを解体せねばならなかった。まずは国民的代表機関としてのソビエトの権力——すでに換骨奪胎されて弱体化してはいたが、なおボリシェヴィキ党の支配にとって障碍となっていたその残滓——が清算され、次にはイデオロギー的理由から都市の新中産階級、農民階級が清算される。これはいわゆる富農（クラーク）の廃絶と農業集団化の促進を口実として進められた人為的飢餓および住民移動によって行われた（p. 313／(3)二八―二九頁）。次に労働者階級の清算が進められる。一九三〇年代に採用されたスタハノフ・システム――ノルマを超過達成した労働英雄スタハノフの名を冠した労働生産性向上運動――は労働者からあらゆる連帯感と階級意識を奪った（p. 314／(3)三〇頁）。さらに一九三六―三八年の間、それまでの清算措置を進めていく担い手でもあった行政・軍事部門の粛清が行われる。ほとんどすべての公務、工場、経済・文化団体、党と政府、軍の要員の交替と粛清が行われた。都市間のすべての移動を登録し規制する国内旅券制の再導入によって、いわば階級としての党官僚制の解体が完了されたのである（p. 314／(3)三〇―三一頁）。階級の清算の結果もたらされる全体主義支配の特質について、アレントは次のように述べている。

> 臣民の間の条件の平等は古代以来の専制や暴政の主要な関心事だが、全体主義支配にとっては平等化では十分ではない。というのもそれは多かれ少なかれ臣民の間の一定の非政治的な共同体的絆、家族の紐帯や共通の文化利益を無傷のまま残すからである。全体主義がみずからの要求を真剣に求めるときには、「それがチェスの中立性であっても終わりにする」、すなわち、どのような活動であれ自律的な存在すべてを排除するところまで行き着く。「チェスのためにチェスをする」愛好家は、粛清当局にとっては「芸術のための芸術」を愛好する者に等しい。彼らはいまだ完全には大衆社会へと原子化されていない分子であって、それらの異質分子が完全に一様なものになることが全体主義の前提条件の一つなのである。全体主義支配者の立場からみれば、チェス

のためにチェスをすることに熱中するような社会が危険であることは、農業のために農業をする農民のそれと程度において異なるにすぎない。(pp. 315-316／(3)三三―三四頁)

ソビエトにおける大衆の原子化は繰り返されるパージによって、あらゆる社会的紐帯、家族的絆を破壊することによってもたらされる。そこでは自律的な存在はすべて否定される。芸術であれ何であれ、固有の価値と論理をもつ存在は、自律的な論理をもつがゆえにそれ自体として全体主義にとっては危険な存在となるのである。かくしてボリシェヴィキの支配者たちは「いまだかつて例のない社会、いかなる出来事も破局ももたらすことのできなかったような、原子化されバラバラの個人に解体された社会を創造することに成功した」のである (p. 316)。

全体的服従と党綱領の廃棄

もちろん既存の社会的紐帯の完全な破壊は通常の意味での統治の基盤そのものを破壊することになるだろう。全体主義が本質的に自己破壊の運動である所以だが、そうした自己破壊的特徴は、特定の内容をもつ党綱領も除去してしまうところに顕著に現れている。全体的な忠誠が可能になるためには、具体的な内容を空白化することが必要となる。それによって生じうるいかなる変化にも対応した服従を要求することができるからである。「組織という点におけるヒトラーの最大の業績は、党の当初の綱領から運動を解放したところにあった。綱領を変更したり公式に廃止したりするのではなく、単純にその内容について議論するのを拒否することによってである」。ヒトラーとナチスは「民主主義、共和政、独裁、あるいは君主制など、特定の統治形態を示すようなスローガンを用いることを慎重に避けてきた」という意味で際立った便宜主義的な思考を特徴としていた（p. 347）。明確なマルクス主義の教義と共産党の綱領が存在していたロシアの場合、スターリンはこうした制約を分派の廃止、つまりは路線論争の禁止の後に行った絶えざる路線変更と再解釈によって事実上廃棄してしまった。全体主義運動は、特定の綱領路線に縛られない自由、いつでも任意の目的と任務に構成員を拘束する自由を獲得したのである。もはや党とその教義からいかなる方向性も路線も予想できない。「スターリンが前の晩に告げたことを毎朝反復することによって人ははじめて党の路線について行くことができるのである」（p. 317／(3)三六―三八頁）。

もとより党綱領の欠如あるいは無視は全体主義だけの特徴ではない。ムッソリーニのファシズム運動もそうした特徴を有していたが、ファシズムの目標が自分たちのエリートを国家権力につけることであったのに対して、全体主義が目標とするところは、全体的な支配、すなわち支配者と被支配人民の間の距離をも除去することにあった。いいかえればファシスト独裁の究極目標が一党支配であるのに対して、全体主義にとっては一党独裁そのものも過渡的な目的にすぎないのである（p. 318／(3)三八頁）。

2　モッブとエリートの一時的同盟

すでに述べたように、全体主義運動のリーダーの多くはモッブから出てくる。大衆それ自身は——原子化してバラバラにされた存在というアレントの定義からして——みずからを組織する能力をもたないからである。一九二〇年代のファシズム、ボリシェヴィズム、ナチズムの担い手がいわゆる前線世代、戦前の雰囲気の中で育ちながら戦争による崩壊を経験した世代であったことはよく知られている。この点では第二次大戦後の状況も最初の世界大戦の後のそれとほとんど変わらない。既存の体制の崩壊はモッブにとってのみならずエリートにとっても大きなチャンスを意味していたのである(pp. 319-322／(3)四一—四五頁)。

全体主義運動における行動主義の強調、いかなる形態の政治活動よりもテロリズムを好むこと、これらが知識人エリートもモッブも等しく惹きつけた。そのテロリズムはそれ以前の革命的結社のそれとはまったく違っていたからである。そこにはもはやテロ行為を政策や地位ゆえに抑圧のシンボルとして目立った特定の人物を排除する手段と考えるような政治的計算はなかった。彼らが惹きつけられたのは、テロリズムが欲求不満、ルサンチマン、盲目的な憎悪を表現する一種の哲学となり、自己表現のために爆弾を用いるような政治的表現主義になったからである。世間を震撼させる行為が耳目を引きつけることに歓びを感じ、自分の存在を社会のノーマルな階層

に認知させることに成功するなら生命を犠牲にすることも彼らは厭わないのである。（p. 324／(3)四九頁）

現状への募る不満や憎悪を爆発させる政治的表現主義、犯罪と紙一重の行動やテロルへの嗜好がモッブとエリートを結びつける。モッブとエリートの「不穏な同盟」、彼らの野望の一致は、これらの階層が国民国家と階級社会の枠組みから最初に除去された者たちであることに根ざしていた。「彼らは時代の運命を体現していると感じていたし、数え切れないほどの大衆が後に従い、遅かれ早かれヨーロッパの民衆の大多数が彼らに合流して――彼らが考えたように革命を遂行する気になってくれると感じていた」。しかしながら大衆を全体主義へと組織することができたのは、社会的脱落者としてのモッブでも、モッブに魅せられた知的エリートでもなかった。彼らは運動が自己展開を始める段階で、その自己破壊的運動に順応できずに切り捨てられていくことになる（p. 330／(3)五七頁）。

ユダヤ人や東欧の人々に対するナチの大量虐殺に反対して声をあげた少数の者は軍人ではなかったし、体制に同調したれっきとした俗物大衆のどの部分でもなく、まさしくヒトラーの古くからの同志で典型的なモッブの代表たちであったことは偶然ではない。ヒムラー（一九〇〇―四五年）は一九三六年以降ドイツで最も権力ある人間だったが、彼もまた知的エリートに特徴が悲惨なほど似ていた[3]（ハイデンの言う）「武装したボヘミアン」の一人ではなかった。ヒムラー自身は「より正常」な人間、つまりナチ運動のもともとのリーダーたちの誰よりも俗物であった。彼はゲッベルス（一八九七―一九四五年）のようなボヘミアンでもなかったし、シュトライヒャー（一八八五―一九四六年）のような性的犯罪者でもなく、ローゼンベルク（一八九三―一九四六年）のような変人でも、ヒトラーのような狂信家でも、ゲーリング（一八九三―一九四六年）のような冒険家でもなかった。彼は大衆を全体的支配に組織する優れた能力を証明したが、それはほとんどの人民がボヘミアンでも、狂信家でも、冒険家でも、性的偏執狂でも、奇人変人でも、社会的落ちこぼれでもなく、何よりもまず仕事を持った良き家庭人だと想定することによってなのである。（pp. 330-331／(3)五八頁）

全体主義の自己運動を推進していったのは、極めて「正常」な社会的俗物の典型としてのヒムラーであった。彼こそが、これまた原子化されて解体しているが、個人としてはごく普通の生活人である大衆を組織できたのである。ここに大衆（マス）支配としての全体主義の特質がある。それでは大衆はいかにして組織されるのか、これが次の問題である。

第二節　運動としての全体主義

1　全体主義プロパガンダ

モッブとエリートが全体主義運動に――運動のもつ行動主義やテロルなどに惹かれて――自分から飛び込んでいくのに対して、大衆はおよそそうした行動の動因となるような自己への利害関心をもたないのであるから、誰かが外から動員し、組織しなければならない。そのための手段がプロパガンダである。[4]

全体主義は特定のプロパガンダの技法や宣伝内容をみずから開発したわけではない。「全体主義は大衆プロパガンダの技術を完成させたが、それを自分で発明したわけでもないし、その主題を創りだしたわけでもない。それらは帝国主義の興隆と国民国家の崩壊にいたる五〇年間に、モッブがヨーロッパ政治の舞台に登場した時に準備されてきたのであった」(p. 341／⑶七九頁)。全体主義はただそれを徹底して大衆に適用したにすぎない。

大衆は目に見えるものは何も信じない。自分自身の経験のリアリティを信じないのである。彼らは自分の目と耳を信頼せず、ただ想像力のみを信ずる。彼らの想像力は普遍的で一貫している

> ものなら何でもその虜になりうる。大衆を納得させるのは事実ではないし、でっち上げられた事実でさえない。彼らがその一部となるだろうシステムの一貫性だけを信ずるのである。繰り返しの重要性がしばしば過大評価されるのは、大衆が理解能力や記憶力に劣ると一般に信じられているからだが、それが重要なのは繰り返すことで最後にはその一貫性を納得させるからにすぎない。（pp. 341-342／(3)八〇頁）

階級社会の崩壊によって生活の基盤を根こそぎ奪われて「故郷喪失（homelessness）」の状態におかれ、バラバラに孤立した大衆の願望、もはや彼らが適応できなくなった世界から逃避する一方で、何らかの一貫した拠り所を求める願望こそが、全体主義のプロパガンダを可能にする前提である。「権力を掌握して彼らの教義に合致した世界を作り出す前に、全体主義運動は現実そのものよりも人間の心の必要に適した一貫した嘘の世界を呼び出す」のである（p. 343／(3)八三頁）。

もとより全体主義運動が完全に権力を掌握して、鉄のカーテンで外界からの騒音、ごく僅かなリアリティの衝撃をも遮断できるようになるまでは、やはり何らかの現実との通路が必要になる。

> 統合されずバラバラにされた大衆――不幸に見舞われるたびにますます騙されやすくなっている大衆――がそれでもなお理解することのできる現実世界の徴は、いわば現実世界の裂け目、つまり誇張され歪曲された形ではあれ急所を突いているがゆえに誰もあえて公然と議論しようとはしない問題、誰もあえて反論しないような噂である。

そうした急所から全体主義のプロパガンダの嘘は仮構と現実との間の溝を埋めるのに必要な真実らしさ、現実的な経験を引き出してくるのである。(p. 343／(3)八三頁)

全体主義のプロパガンダの嘘を完結させるリアリティの欠片《かけら》、あるいは現実世界の裂け目を示す噂として最大の効果を発揮したものこそ、「ユダヤの陰謀」というフィクションであった。世界支配をめぐるユダヤ人の陰謀の噂はドレフュス事件以来ひろく流布してきたし、世界中に分散して国際的に連繋しているユダヤ人の存在という事実によってそれは裏付けられていたのであった。皮肉なことにユダヤ人の存在が人目を引くようになったのは、国民国家体制における彼らの影響力が減退しはじめてからである。第一次世界大戦による国民国家の解体とそれにともなうユダヤ人社会の解体は、一九世紀末の繁栄とともに一時的に影を潜めた反ユダヤ主義をあらためて噴出させることになるが、ナチスの反ユダヤ主義プロパガンダはこれを継承して発展させたものであった。そのスローガンの内容自体はこれまでの反ユダヤ主義の焼き直しにすぎない。彼らが付け加えたただ一つの新しい要素は、ナチ党員に非ユダヤ人の血統証明を要求したことであった。

ナチスはユダヤ人問題をプロパガンダの中心に据えたが、その意味するところは、反ユダヤ主義がもはや多数者とは異質な人々についての意見の問題でも民族政策の問題でもなく、党員一人一人の個人的実存に関わる切実な問題になったということである。「家系図」に問題がある者は一人として党員にはなれないし、ナチスでの位階が上昇すればするほど血統を昔にさかのぼって

証明しなければならなかった。(p. 346／(3)八六—八七頁)

反ユダヤ主義は、孤立した大衆に「自己規定と自己同一化」を与えて、彼らにある種の自尊心を回復させて組織するための手段なのであった。ナチ・プロパガンダはいわば「反ユダヤ主義を自己規定の原理に転換」したのである。

『シオンの賢者の議定書』

ナチスのプロパガンダとその反ユダヤ主義の特徴をよく示しているのが、『シオンの賢者の議定書』についての応答である。ナチスはこの偽書をユダヤ人の陰謀の証拠として攻撃の材料に用いるだけでなく、自らの構想のプロパガンダの手段として用いたのである。

純粋なプロパガンダとして見た場合に、ナチスが発見したのは、大衆はユダヤの世界支配の陰謀に驚くよりもむしろどうしてそのような支配が可能になるのかに興味を持つという事実であった。この議定書が評判になったのは憎悪というより賛嘆とその方法を知りたいという熱望からであって、だからその際だった定式のいくつかにできるだけ近づくのが賢明だということにナチスは気づいたのだった。例えば「ドイツ民族にとって良いことが正義である」という有名なスローガンは、議定書の「ユダヤ民族にとって利益となるすべては道徳的に正しく神聖である」を写したものなのである。(p. 348／(3)九〇頁)

ナチスは『シオンの賢者の議定書』に示されたユダヤ人の世界帝国の構想――それに向けられた大衆の驚嘆や好奇心――を逆手に取る形で、いわばユダヤの世界支配の陰画としてドイツ民族の「民族共同体」による世界支配の構想を提示したのである。もとよりすでに述べたように、全体主義運動にとってプロパガンダはあくまでも大衆を組織するための手段であり、大衆を獲得できるかどうかによってその実効性は試される。

> 全体主義プロパガンダの真の目的は、人々を説得するのではなく組織すること――「暴力という手段をもたずに権力を蓄えること」――にある。イデオロギーの内容が独創的であることはこの目的のためには不必要な障碍にしかならない。われわれの時代の二つの全体主義運動は支配の方法では驚くほど「新しい」し、組織の方法の点では独創的であったが、決して新しい教義を説いたり、一般に流布していないイデオロギーを発明したりしなかったことは偶然ではない。大衆を獲得するのはデマゴギーの束の間の成功ではなく、「生ける組織」の目に見えるリアリティと力なのである。(p. 351/(3)九五―九六頁)

仮構のリアリティをもって大衆を組織する、そのためのプロパガンダの手段に対する嗅覚こそが、全体主義のリーダーの権力の基礎となる。その意味において全体主義のリーダーは単なるデマゴーグ、煽動家ではなかった――ヒトラーの雄弁の才能さえ必須の要素ではなかった――というのである。全体主義の権力の核心は、「生ける組織」としての運動そのものの展開の内にある。「プロパガンダのスローガンがひとたび『生ける組織』に具現されてしまえば、組織の全構造を破壊することなしにそれを取り除くことはもはや不可能となる」(p. 352／(3)九七頁)。組織の中に組み込まれた虚構そのものは一人歩きを始めることになる。ということは逆に言えば、組織の自己運動なくしては全体主義的プロパガンダの虚構は崩壊するということでもある。

全体主義プロパガンダの内在的な弱点が露呈するのは敗北の瞬間である。運動の力がなくなれば、構成員は直ちにそのドグマを信ずるのを止めてしまう。昨日まではみずからの生命も捧げるつもりでいたそのドグマをである。運動、すなわち構成員を外界から保護していた虚構の世界が破壊された瞬間に、大衆はバラバラの個人というもとの立場に戻り、変化した世界を喜んで受け入れるか、余計な存在であるというもとの絶望的な状態に沈み込んでいくのである。……

連合国はドイツ国民のなかに確信犯でナチスを自認する者を探し求めたが見つけることができなかった。国民の九〇％〔ドイツ語版＝邦訳では「八〇％」となっている。なお、英語版は第二版以降も「九〇％」のままである〕はおそらくある時点では本気でナチスに共感していたにもかかわらずである。このことはたんに人間の弱さやまったくの日和見主義の印として理解すべきではない。(pp. 352-353／(3)九八―九九頁)

国民の大多数を巻き込んでいたはずの体制がいったん解体されると、あとには一人の信奉者も残らない。「生ける組織」とその自己運動の内に体現されていたイデオロギーや思想の欠片も、あるいはそれを当初は推進していたはずの狂信や熱狂も跡形もなく消滅する。ここに全体主義と大衆プロパガンダの手段としてのイデオロギーの最大の特徴があるとアレントは言うのである。

もちろんヒトラーやスターリンなどの指導者個人の意義がまったく否定されるわけではない。彼ら個人の死とともに全体主義に特有な運動とテロル、それに向けた大衆の熱狂や動員も停止する。問題はそうした運動のダイナミクスの中での指導者個人の役割が全体主義と他の政治体制とでは異なるということである。それではそうした全体主義の運動はどのように組織されているのだろうか。

2　全体主義の組織構造

フロント組織の創出

全体主義運動の組織構造の特徴は、その独特の階層性にある。全体主義運動をそれまでの運動組織から区別する新機軸は、同伴者の前面（フロント）組織の創出にあった。

フロント組織は運動メンバーを防護壁で取り巻いて外部の正常な世界から遮断する、と同時にそれは正常な世界へ戻るための架け橋となる。これがなければ権力掌握前のメンバーは彼らの信仰と正常な人々のそれとの相違、彼ら自身の虚偽の仮構と正常な世界のリアリティとの間の相違

をあまりに鋭く感じざるを得ない。（p. 355／(3)一〇二頁）

非全体主義的な外部の世界と、内部の仮構世界との間の媒介、内外に対する「ファサード」、一種の緩衝装置としてフロント組織は機能する。運動の外部と内部の間を緩衝装置が媒介するというこのパターンは運動組織の各階層で、同伴者（シンパサイザー）・一般党員・精鋭部隊というかたちで繰り返される。この独特の階層性が全体として外的世界と運動の中心部分との間の緩衝装置として働き、全体主義のイデオロギーの機能、イデオロギーと外的世界のリアリティとの関係・非関係を保証するのである。

さらにそうした階層構造そのものが、たえず新たな層が加えられ、権力の重心が移動するというかたちで、全体として流動性をもっているのが全体主義運動の特徴である（pp. 356-357／(3)一〇七―一〇八頁）。全体主義運動におけるこの階層性・ヒエラルヒーは、権威や権力が上から計画的に配分され調整されるという意味でのヒエラルヒー組織とは異質である。

軍事部門の意義

そのような流動的な階層構造を特徴とする全体主義運動は、絶対的な命令と服従義務に基づく軍事組織とは相容れない。ナチスの運動におけるＳＡ（突撃隊）やＳＳ（親衛隊）などの暴力組織の役割はしばしば過大評価されるが、その軍事的な効用はそれほど高くはないし、党内部での評価も決して高いものではない。その意味でナチスや全体主義運動を軍国主義と特徴づけるのは間違っている。

> これらの軍国主義的な装飾にもかかわらず、まず最初に粛清されることになったのは、一番ナショナリスティックで軍国主義的な部分、単なる政党組織ではなく、（ヴェルサイユ講和条約で制限されていた）国防軍の非合法な拡大である準軍隊組織とされていた党内派閥であった。事実、SA突撃隊の指導者レーム（一八八七―一九三四年）はSAを国防軍に編入することを夢見ており、ナチスの権力掌握後には国防軍への編入を交渉していた。彼がヒトラーに殺されたのはナチスの体制を軍事独裁に転換しようとしたからである。そのような方向はナチ運動にとって望ましくないとヒトラーはレームを解任する数年前にはっきりと述べていた。レームは正真正銘の戦士であって、彼の戦争経験と黒色国防軍を組織した経験は軍事訓練にとって不可欠であったが、彼を退けてヒトラーが選んだのは軍事について一欠片の知識ももたないヒムラーであり、彼が親衛隊の組織者となったのである。（p. 358／(3)一一〇頁）

全体主義運動における準軍事組織の意義はもっと別のところにある。彼らは軍事的活動が日常生活とは隔絶した性格をもっていることに早くから気づいていた。権力掌握前の突撃隊や掌握後の親衛隊の幹部は正常な日常の世界から切り離されて、犯罪集団をモデルとして組織された殺人行為に利用される。その意味において軍事的エリート部門の組織は「フロント組織」とは正反対の役割を果たすことになる。

> 運動にとって組織された暴力は仮構の世界をとりまく最も有効な防護壁である。自分が非合法活動の共犯者となることより運動から離れることの方を怖れて、運動の敵となるよりその一員である方が安全だと構成員が感じるようになった時、その仮構の世界の「リアリティ」は証明される。党員を外界から護るためにエリートの隊列が組織する暴力がもたらすそうした安心感は、組織の仮構の世界の真正性にとってはテロルに対する恐怖とともに重要な意味をもっているのである。(p. 361／(3)一一六頁)

テロルや暴力、それによってもたらされる「内戦状態」も、対外的な効果よりはむしろ運動組織の内部での構成員の統合と、仮構世界の「リアリティ」創出の手段なのである。

全体主義と指導者原理

全体主義運動のそうした組織構造の中では、指導者自身も独特の位置に置かれることになる。

> 運動の中心に、それを駆動させるモーターとしてリーダーが座している。彼は特別に接近を許された側近集団によってエリートの隊列から切り離されている。側近たちはリーダーの周りにその「触れることのできない圧倒的優越」に応じた測り知れない神秘のオーラを振りまくのである。親密な側近集団の中での彼の地位は構成員の間に陰謀を紡ぎ出す才能、絶えずそのメンバーを交替する技術に依拠している。彼が指導権を掌握できたのは、デマゴーグとしての才能や官僚

的・組織的な才能のおかげというより党内闘争を操る並はずれた才能の故である。そこで勝利するために暴力をほとんど用いなかった点で彼はそれまでのタイプの独裁者とは区別される。ナチ運動でのヒトラーの地位を維持するのにＳＡもＳＳも必要ではなかった。反対にＳＡの長でその忠誠を当てにすることができたレームはヒトラーの党内の敵であった。スターリンもトロツキー（一八七九―一九四〇年）に勝利したが、トロツキーははるかに大きな大衆的なアピールの力をもっていただけでなく、赤軍の長としてソビエト・ロシアで最大の潜在的権力をその手に握っていたのである。（p. 361／(3)一一六―一一七頁）

全体主義の指導者に必要なのは、大衆的プロパガンダにおけるデマゴーグとしての能力でも官僚的組織技術でもなく、多層的な運動の中心にあって構成員間の陰謀や闘争を繰る才能である。ヒトラーもスターリンも他に抜きんでていたのはこの能力であった。「しかしながら、指導者の個人的能力はキャリアの最初の段階では絶対的に必要な条件であるし、後になっても重要でないどころではないのだが、全体主義運動が形成されて『指導者の意志は党の法である』という原則が確立した段階では、ヒエラルヒー全体が単一の目的のために十分に訓練されてリーダーの意志がすべての構成員に迅速に伝わるようになった段階ではもはや決定的なものではなくなる」（pp. 361-362／(3)一一八頁）。

もとより指導者の存在の重要性がそれによって減退するわけではない。むしろ指導者の「責任」は増大する。「指導者の最大の任務は、運動のすべての層に特徴的な二重機能を人格として体現することである。彼は運動を外部の世界から守る魔術的な防壁となると同時に、運動と世界を結びつける橋である。指導者は通常のどんな政党指導者とも全く異なるやり方で運動を代表する。彼は党員や職員がその公的資格においてなしたすべての行動、作為・不作為に対する人格的責任を引き受ける」(p.362／(3)一一八頁)。指導者個人は運動の体現であり、その全体的な責任を担うという独特の「指導者原理」がここに成立することになる。

イニシエーションのヒエラルヒー

このような全体主義運動の特質は社会学的に見れば、イニシエーション（奥義通暁）の程度によってヒエラルヒーが形成されるという「秘密結社」のそれに類似している。奥義に通じた少数のサークルを、半ば通じたメンバーが取り囲むというかたちで階層が形成され、これらが全体として、外の現実的世界――運動から見れば敵対的な世界――に対する緩衝装置として機能するのである。ここで重要なのはリーダーとエリート、一般党員、同伴者（シンパサイザー）の相違と相互の関連である。

エリートの隊列と党員とシンパサイザーという組織的な区分がなければ、リーダーの嘘は機能しない。侮蔑のヒエラルヒーとして表れるシニシズムの等級付けは、〔事実によって〕絶えず行われる反駁に抗するために、少なくとも単純な軽信と同じくらい必要なのである。ここでは奥義に通じていない市民をフロント組織のシンパサイザーが軽蔑し、騙されやすく過激でもない同伴者を党員が軽蔑し、同じ理由から一般党員をエリートの隊列が軽蔑し、エリートの隊列の内に新たな組織が設立され発展していくに伴い同様の軽蔑のヒエラルヒーが形成される。こうしたシステムの結果、信じやすいシンパサイザーが外の世界に嘘を信じさせてくれるし、党員やエリートの隊列の段階ごとのシニシズムのおかげで、指導者は自分のプロパガンダの圧力に負けて言明したことを実行して体面をとり繕う羽目に陥らずにすむのである。（p. 371／(3)一三三―一三四頁）

およそ実行不能な目標を掲げる全体主義のプロパガンダはいずれは事実によって反駁されるだろうという見方は、全体主義運動特有の階層構造の機能を見誤っている。外部の世界に対する嘘とシニシズムのこのような階層的構造の中では、その中心にいるエリートはもはや運動のイデオロギーを信ずることを要求されない。

　エリートを構成しているのはイデオロギー信奉者ではない。彼らに施される教育全体が真実と嘘、リアリティと虚構とを見分ける能力を根絶することに向けられている。事実についてのどのような言明も即座に目的の宣言に変換できるところに彼らの優位はある。ユダヤ人種が劣等人種であるという証明がないとユダヤ人を殺せと命令できない大衆メンバーに対して、ユダヤ人はすべて劣等人種であるという言明をすべてのユダヤ人は殺さねばならないと理解するのがエリートの隊列である。彼らは、モスクワにしか地下鉄はないと言われたら、すべての地下鉄を破壊すべしという命令だと理解するが、だからといってパリに地下鉄があるのを見ても別に驚きはしないのである。（p. 372／(3)一三五頁）

みずからの運動のイデオロギーの内容そのものから自由であることが、全体主義運動のヒエラルヒーの最中心層の特徴である。しかもそれは指導者の無謬性に対する全面的信頼でさえない。「彼らの忠誠の要は指導者が無謬であると信じていることではなく、全体主義組織の圧倒的な方法で暴力装置に命令を下す者なら誰でも無謬になりうると確信しているという点にある。この錯覚は、全体主義体制が権力を握って、成功や失敗は相対的なものであり、実質的な損失がどのようにして組織の利益となるのかを証明することができるようになれば、大いに強化されることになる」(p. 375／(3)一三九頁)。虚構の世界をめぐって展開される全体主義運動の内部では、もはや現実の失敗は問題とはされない。運動が組織され権力を獲得すればするほど、そうした「虚構」はなかば現実として実現されていくことになるだろう。そうした「虚構」の実現に失敗して、リアリティによって復讐されるときに、全体主義は崩壊するのである。

第三節　体制としての全体主義

全体主義体制というパラドクス

全体主義の本質は運動、絶えざる運動そのものにある。したがって特定の体制——通常は解体しつつある国民国家の枠内――での権力獲得は、運動としての全体主義にある種のジレンマをもたらすことになる。

> 政府と運動が同時に存在することに内在する困難、全体主義的な要求と限られた領土の限られた権力との共存、他国の主権を相互に尊重する国際的礼譲に表向き加わることと世界支配の要求との共存に内在する困難を解決するのに、その教義の元々の内容を削除するのにまさる方法はない。全体主義的支配者は一見したところ不条理なまでに矛盾する二重の課題に直面している。彼は運動の形成する仮構の世界を日常生活の眼に見える現実として確立せねばならないが、他方で、この新しい世界が安定性をもつまでに発展するのを阻止せねばならない。その法や制度の安定化は確実に運動そのものを解消することになるし、いずれは世界を征服するという希望もそれとともに消失してしまうからである。（p. 377／(3)一四五―一四六頁）

運動と区別された意味での全体主義体制はアレントの定義上ありえないし、その意味では「全体主義体制」という存在自体が矛盾をはらんでいる。[5] それでは権力を掌握した全体主義はどこに行き着くのか、これが本節「いわゆる全体主義国家」の主題である。

1　全体主義と国家権力

あらゆる革命運動はいったん権力を握るやいなや、体制の論理に呑み込まれて当初の革命的な性格を失っていくというのは多くの経験の示すところであった。だが、権力を握った全体主義運動もいずれは日常化していくだろうという予想は覆される。全体主義の攻撃的な対外政策も、彼らが権力を握れば主権国家とその論理、国際関係のルールに従わざるを得なくなるだろうという外交筋の予測は裏切られる。暴力やテロルは権力掌握のためであって、政権に就いて反対派が抑圧あるいは根絶されれば終息していくだろうという、全体主義運動に対して比較的好意的な観察者やシンパサイザーの期待も失望に変わる（p. 379／(3)一四八―一四九頁）。

体制の根本規範としての憲法についての態度もまた、多くの観察者を当惑させることになった。ナチスは権力を掌握した初年に大量の法律やデクレ（政令）を発布して、事実上はワイマール体制を清算していったが、正式に憲法を廃止しようとすることはなかった。その意味においては、スターリン体制の確立期の――抵抗する農民を階級敵「クラーク」として強制移住・強制収容させる「農業集団化」が行われ、さらには党・ソビエトや軍の幹部を含めた「大粛清」がまさに進められようとしている――一九三六年に交付された憲法は、その実効性のなさにおいて、ナチ体制下のワイマール憲法と同様の役割を果たしたのである。

「廃止しないが無視する」。憲法に対するこうした態度は、全体主義運動がナチ党や共産党の綱領に対してとった態度と軌を一にするものであるが、そのことは、全体主義がその本質において運動体であったことを示している。彼らは、運動そのものを規制するような規範を忌避すると同時に、公式の国家とその機構もあくまでも運動のための手段として利用する。そうした態度が典型的に現れるのが、国家機構のいわゆる「二重化(duplication)」である。

国家機構の二重化

ナチスは権力掌握前から国家と並行して党を組織していた。たとえばワイマール共和制の邦や州の地域編成に対して、行政区分とは必ずしも一致しない独自の「ガウ」(大管区)を編成するというように。国家と党のそうした二重組織は一九三三年にナチスが権力を掌握した後も存続するばかりか、事実上は国家の公式機関を有名無実化することになる。

たとえばフリック(一八七七―一九四六年)が内務大臣に、ギュルトナー(一八八一―一九四一年)が司法大臣に就任した時、この古い信用できる党員は権力を失い、他の公務員と同様に影響力を持たない存在になってしまった。両者は警察長官としてのし上がりつつあったヒムラーの事実上の支配下に置かれたのである。通常ならばヒムラーが内務大臣に従属すべきものであるが。外国によく知られているのはヴィルヘルム・シュトラーセの旧ドイツ外務省の運命である。ナチスはこれを廃止をすることはおろか人員にもほとんど手をつけなかった。だが同時にナチスには権力獲得前からの党の外務局がローゼンベルクの下に置かれていた。これは東欧やバルカン諸国のファシスト組織との連絡を維持することに集中していたので、ナチスはもう一つの機関を外務省と競合する形で設置したのである。これがいわゆるリッベントロップ事務所で、西方との外交関係に携わり、彼がイギリス大使として本国を離れるまで、つまりは外務省の公式の機構に彼が編入されるまで存続したのである。(pp. 381-382／(3) 一五四頁)

ソビエト・ロシアにおいては、表面上の政府と真の政府の二重化はナチス・ドイツとは異なる経過をたどった。ロシア革命によって確立される公式の政府機関は全ロシア・ソビエト大会をその起源とするが、内戦期にソビエトの諸機関は影響力と権力を喪失して、ボリシェヴィキ党が事実上の実権を掌握していく。一方で赤軍が自立化していくと同時に、秘密警察がソビエト大会ではなく党の機関として設立され、一九二三年にスターリンが党書記長に就任した時点でその過程は完了する。[6] その意味ではロシアにおける国家機構の二重化はすでにロシア革命の時点にはじまっていて、革命と内戦の結果、公式のソビエトは完全に見せかけだけの存在と化してしまっていた。それゆえスターリンは本格的に全体主義的支配を確立する時点で、あらためてソビエトの記憶とその威光を呼び起こして、これを外面的なファサードとして利用せねばならなくなったのである。一九三六年に彼がソビエト憲法の制定に乗り出したのはそのためであった。運動をその本質とする全体主義は、権力掌握の後も、いや権力掌握の後にこそ、外部世界との緩衝装置として利用できる公式の国家を必要とするのである（p. 382／(3) 一五六―一五七頁)。

二重化から多重化へ

全体主義運動の組織構造が多層的でしかも流動的・不定形であったように、それに支配される体制の構造も必然的に不定形なものとなる。公式の権力と実質的な権力の二重化は、さらに多重化(multiplication)していくことになる。

ナチスは旧来の州の区分に加えて「ガウ」を設立しただけにとどまらず、さまざまな党組織ごとに別の地域区分を実施した。その結果、SAの地域単位はガウとも州とも合致せず、さらにSSは別の区分を採用し、ヒトラー青年団の区域区分はそのどれとも対応しないという事態が生まれる。運動の組織構造の場合と同様に、職務の多重化は権力の恒常的な移動にとって非常に有効な手段となる。それゆえ、全体主義体制が権力にとどまる時間が長期化すればするほど、職務の数は増大し、それだけ実際の職務の運動への依存度は高まることになる(p. 384/(3)一五八—一六〇頁)。

重複する職務や機関の意図的な創出の典型的な事例が、ナチスの主要イデオロギーであるはずの反ユダヤ主義についての研究機関の事例である。一九三三年ミュンヘンにユダヤ人問題研究所が有名な歴史家ヴァルター・フランク(一九〇五—四五年)を所長として設立される。ユダヤ人問題がドイツ史全体を規定することが明らかになるとともに、近代ドイツ史研究所に拡充される。これによって既存の大学は外見上のファサードに過ぎない存在となる。さらに一九四〇年にアルフレート・ローゼンベルクを所長とする別の研究所がフランクフルトに設置されると、ミュンヘンの研究所はその陰に隠れてしまうことになる。さらに数年後にはヒムラーのゲシュタポがユダヤ人問題の清算のための機関をアドルフ・アイヒマン(一九〇六—六二年)を長としてベルリンに設置する。かくして既成の大学を一番外側に、ミュンヘンとフランクフルトの三重のファサードにとりまかれた中心でゲシュタポの機関が実権を握るという構造が成立するのである（p. 385／(3)一六三―一六四頁）。

そうした不定形さは、まさに全体主義運動の権力のための手段、指導者原理実現の手段なのであった。「指導者原理は全体主義運動と同様に、全体的支配機構においてもヒエラルヒーを確立しない。ここでは権威主義体制におけるように権威は政治体の最上部から中間段階を経て最下層へと浸透してはいないのである。全体主義運動は権力獲得の後も、小リーダーがそれぞれの領域で自由に行動し、頂点の大リーダーを模倣して多数の小王国を生み出すようなことはないのである」[7]（p. 387／(3)一六七頁）。

その意味においては全体主義とその体制は、通常の政治体制には常に存在するさまざまな党派や派閥とその権力闘争、権力をめぐるゲームとはまったく無縁な存在である。

> 成功・失敗の如何を問わず宮廷革命が全く起きなかったことは、全体主義独裁の最も顕著な特性の一つである（一九四四年七月のヒトラーに対する軍部の〔暗殺〕陰謀には一人の例外を除いてナチの不満分子は含まれていなかった）。表面上は、指導者原理は流血を伴う個人的な権力の転換を招くが、これは体制の転換を伴わないように見える。だがこのことは、全体主義的な統治形態が権力欲や権力増大のための機構、帝国主義支配の最後の段階の特徴であった権力のための権力をめぐるゲームとはほとんど関係がないことを示す多くの特性のうちの一つなのである。（p. 388／(3)一七〇―一七一頁）

体制内権力集団としての支配的な徒党がまったく欠如していること、少なくとも運動と体制の運営に顕著な役割を果たしていないことは、体制にとっては確定した後継者の不在という深刻な問題をもたらすことになる。ヒトラーは後継者を次から次へと指名して自ずとそれを無効化することになったし、スターリンもまた後継者となりうる人物を次々に殺害している。明確に指名された後継者の存在は、リーダーと権力と知識を共有する党派の存在を前提とするからである（pp. 388-389／(3) 一七三頁）。

運動の論理の継続

全体主義の支配する体制においては、統治機構としての効率は無視される。ソビエト・ロシアの当時の経済状況では、奴隷労働のような労働力の浪費をする余裕はなかったし、技術的熟練が深刻に不足していた時にもかかわらず強制収容所に「高度な資格あるエンジニア」を収容している。純粋功利主義的観点から見れば、一九三〇年代の粛清は経済的回復を遅らせ、赤軍の参謀スタッフの壊滅は、フィンランドとの戦争をほとんど敗北に導くことになった。

ドイツの状況も程度の差はあれロシアと同様である。当初ナチスは管理ならびに技術上の熟練の維持や企業利潤の必要性を認めて、過度の介入なしに経済を統制しようとしていた。それゆえ戦争勃発当初は経済はまだ完全に全体主義化されてはおらず、一九四二年頃までは多かれ少なかれ合理的に機能していた。戦争のための準備はその法外な費用にもかかわらず、「反功利的」とまではいかなかった——もっともそれは他国の富や資源の略奪に依拠していたのであるが——。一九四三年のスターリングラードの敗戦以降、ナチ独裁は最終段階に突入する。その意味においては二つの体制の戦争、独ソ戦が全体主義の完成をもたらしたといえるかもしれない。そこでは全体主義支配の論理が完全に他の考慮を圧倒する。ナチス版「五ヵ年計画」は実施にはいたらなかったものの、ポーランドとウクライナの住民の殲滅とドイツ人の殺害を意図したその計画は、ロシアでの全体主義独裁への画期となった一九二九年の五ヵ年計画と類比される。それは「すべての論理学のルールと経済学の原則が逆立ちしている驚くべき狂気の産物」であった。だがそれは外部の正常な観察者の視点からみた結果である。「なるほど全体主義独裁者は意識的に狂気への道に乗り出したわけではない。むしろ、全体主義国家構造の反功利主義的性格に対するわれわれの当惑の原因は、ここで扱っているのは結局は正常な国家——官僚制、専制、独裁といった——だという間違った観念にある。われわれは全体主義の指導者が、自分たちがたまたま権力を握るようになったこの国は国際的運動の一時的な司令部にすぎないし、グローバルな利益はつねに自国領土の地方的利益を上回るのだと強調しているのを見逃している」。権力の掌握はかれらのイデオロギーを変質させることはない。彼らの行動はその究極目的に照らして判定されねばならないのである（pp. 390-392／(3)一七八—一八〇頁）。

かくして権力掌握後も運動の論理と組織の基本構造は維持されることになる。フロント組織における党員と同伴者の間の区別は解消されるどころか、あらたなシンパとして組織された住民全体との「調整」の問題に拡大されて再現される。党とシンパの関係が玉葱状に重層化され、それぞれが外部に対するファサードとなるという運動の階層構造は維持され、国家機構全体がいわば同伴者官僚となり、市民と外部世界とのファサードとなるのである（p. 392／(3)一八〇―一八一頁）。

ただし違っているのは、権力を掌握した全体主義的独裁者はその嘘をより一貫して、かつより大規模に実行できるし、また実行せねばならないことである。そこから逆説的に権力掌握後の組織の秘密結社化が生ずる。ヒトラーは権力掌握以前にはナチ党やそのエリート階層を非合法の謀略集団として組織することに抵抗していたが、一九三三年以降はSSを一種の秘密結社に転換しようとした。つまり権力掌握前にはヒトラーは彼らの真の目標を隠そうともしなかったが、掌握後にSSを「白日の下の秘密結社」としたのである。同様にモスクワに指導されるようになった共産党は、弾圧されずに完全に合法的な活動が可能であるところでも謀略活動の方を志向したのである。すでに述べたように全体主義運動の構造は、正常な世界との重層的な緩衝装置を通じて、運動の目標と外部世界との関係を調整するところにその本質があった。したがって運動そのものが権力を掌握して公然化し、みずから公的体制そのものになったとき、かえって正常な外部世界との距離を維持する秘密の部分が必要になるとアレントはいうのである。

レーニン死後に実権を掌握したスターリンの行動もそうした観点から説明することができる。有名な「一国社会主義」を提起したときにも、彼は正常化のポーズに伴う危険、つまりは本当に国民主義的な政策を推進し、実際に社会主義建設を推進することの危険を察知していた。そうした危険を克服するためには、言葉の上での約束と支配の現実とを絶えず乖離させることが必要であった。スターリンはそのバランスに長けていたのであって、対外的にはコミンテルンの人民戦線戦術や国内では外見上相対的にリベラルな新憲法の起草が他方ではモスクワの見せ物裁判に示される熾烈な粛清と並行していたのは決して偶然ではないのである（pp. 393-394／(3)一八二―一八四頁）。

仮構への意志

しかしながら、だからといって全体主義のイデオロギーはすべて虚構であり、全体主義の組織構造はそうした虚構と嘘をもって外部世界を騙し、支持者大衆を動員するための手段にすぎないとはいいきれないところに、全体主義におけるイデオロギーの独特の役割がある。ナチスの超国民的な反ユダヤ主義や汎ドイツ主義、ボリシェヴィキの国際的社会主義のようなイデオロギーの内容それ自体は、全体主義以前の運動から借りてきたものにすぎない。だが「決定的なのは、全体主義体制が彼らの外交政策を、いつかはそうした究極目標が達成できるという一貫した想定の下に展開し、どんなにその実現が遠く思われようと、そうした『理想』要求が現在の必要性とどんなに深刻に相反しようとも、決してそれを見失わなかったということである。したがっていかなる国も彼らにとっては永遠に外国なのではなく、反対に、潜在的な自国領土と見なされたのである」（p. 394／(3)一八五頁）。ナチスは世界支配という究極目標に忠実に、東部の占領地域では、労働力不足や軍事的必要性を顧慮することなく人口減少政策を実行して、占領地区住民の支持を調達する現実的な機会をみすみす見逃したばかりか、西部では第三帝国の刑法の遡及立法を導入したのであった。

全体主義体制を理解する上での難点は、彼らが権力政治をとりわけ無慈悲な仕方で行ったことにではなく、その政治の背後に全く新しい、前例のない権力の観念が隠されていることにある。

それは彼らの現実政治（*Realpolitik*）の背後に先例のない現実の観念があるのと同様である。無慈悲というよりは直接的な結果を全く度外視すること、ナショナリズムというよりはどこにも根づかず国民的な利益を無視すること、自己利益の無思慮な追求ではなくむしろ功利的動機そのものを軽蔑すること、権力欲ではなく「理想主義」、つまりイデオロギー的に仮構された世界に対する揺らぐ事なき信仰なのである――これらすべてが国際政治に新しい要素、たんなる侵略性がもたらす以上の錯乱要因を持ちこんだのである。(pp. 396-397／(3)一九〇頁)

全体主義の推進する「現実政治」がこれまでになかった「現実」の観念に基づいているのと同様に、彼らの推進する「権力政治」は、通常の意味における権力追求、たんなる権力欲からする権力の追求ではない。その背後には仮構されたイデオロギーの世界に対する信仰、一見「理想主義」と見まがうほどの目的に対する帰依が存在する。いわば仮構の世界支配のためにこそ彼らは権力を獲得し、拡大しようとするのである。だからこそスターリンにとっては警察幹部層のコンスタントな増大と成長がバクーの石油、ウラルの石炭や鉱石より重要であったし、同様にヒトラーはいわばすべてをＳＳ幹部の犠牲にしたのである。彼らにとって権力とはまさに組織によってつくり出される力なのであった。[8] そうした力はどこから生み出されるのか、これがアレントの問いであった。

2　秘密警察

権力を掌握した全体主義が国家を非全体主義世界に対して国を代表するファサードとして利用するとすれば、多重化した官職と錯綜した権限の背後に存在する唯一の権力核が警察＝秘密警察である。

国家の上に、そして見かけだけの国家のファサードの背後に、多重化した官職の迷路の中で、権威のあらゆる移動の底流に、非効率な混沌の中で、国の権力の核、秘密警察の超効率的で超権限をもつ職務が存在する。唯一の権力機関としての警察の役割に対する強調と、これと対応して外見上は大きな権力武器庫である軍に対する軽視、これはあらゆる全体主義体制の特徴であり、部分的には世界支配への全体主義の野望と外国と自国、対外的事項と国内事項の区別の意識的な廃止によって説明できる。というのも軍事力は外国の侵略者と戦うように訓練されているので、内戦の目的のためには疑わしい手段となるからである。全体主義の下であっても、軍隊が自国の人民を外国の征服者の観点から見ることができるかどうかは疑わしい。だがさらにこの観点でより重要なことは、戦時でも軍隊の価値には疑問符がつけられるということである。全体主義的支配者はいずれは世界を統治することを想定しているから、侵略の犠牲者は叛徒として大逆罪で裁かれる。それゆえ軍事力ではなく警察によって占領地を支配する方が好まれるのである。(p. 398／(3)一九四―一九五頁)

全体主義の世界支配の野望の下で、自国と他国の区別なくあらゆる潜在的反抗を鎮圧する中心機構が秘密警察である。全体主義体制下の秘密警察の機能は専制体制のもとでの古典的な任務とは異なっている。多くの専制体制は国内の政敵を鎮圧するために秘密警察を利用する。全体主義体制においてもまた権力掌握当初の段階における秘密警察の役割は、国内の政治的反対派の鎮圧に当てられる。隠れた敵を摘発して以前の反対派を根絶するこの段階は、住民全体をフロント組織へと引き入れるとともに、旧来の党員を再教育して彼らを自発的に監視させる過程と並行している。それによって秘密警察は同伴者の忠誠を監視する任務から解放されることになる。公然たる反対派や隠れた抵抗が根絶されるこの第一段階はナチス・ドイツでは一九三五年、ソビエト・ロシアでは一九三〇年にほぼ完了したとアレントは見ている。

容疑者から「潜在的な敵」へ

しかしながら秘密警察の固有の任務はまさに現実に存在する政治的敵対者が根絶され、「潜在的な敵」の摘発に向けられるようになったときに始まる。これによってテロルを固有の本質とする全体主義体制が本格的に展開されるのである。そこでは秘密警察はもはや特定の思想傾向を摘発したり、旧来の諜報機関のように反対派を挑発したりはしない。全体主義体制における秘密警察とその情報機関は、もはやスパイされるべき現実の敵が存在しなくなっても拡大し続ける(p. 399)。いいかえれば、全体主義体制下の秘密警察の対象となるのは具体的な反政府活動や抵抗などの容疑者ではなく、潜在的に危険な思想をもった要注意人物でさえない。対象となる者の主観的意図の如何にかかわらず、全体主義のイデオロギーとそれに従った政府の政策によって自動的にカテゴライズされる敵なのである。[9]

> 「潜在的な敵」の観念が導入されたことは、全体主義の機能にとっては、それに当てはまる個々のカテゴリーがイデオロギー的にどう定義されたかということよりもはるかに重要である。もしたんにユダヤ人やブルジョアを討伐することが問題であるならば、全体主義体制は一つの巨大な犯罪を犯した後に、正常な生活と統治のルールにいうなれば復帰することができただろう。だが周知のように事態はそうはならなかった。当初のイデオロギー的に決定された運動の敵が根絶された後にも潜在的な敵のカテゴリーは生き残り、変化した状況に応じて新たな敵が発見される。ナチスはユダヤ人の絶滅の完成を見越して、ポーランド人民の清算のための準備措置をとっていたし、ヒトラーはドイツ人の特定のカテゴリーの殲滅さえ計画していた。ボリシェヴィキの場合は、前支配階級の子孫から始めてクラーク（富農）に対する全面的なテロル、それに続いてポーランド系のロシア人（一九三六年から三八年の間）、タタール、ヴォルガのドイツ人が戦時中にその対象となり、戦後にはさらにそれ以前の戦争捕虜、占領軍となった赤軍の職業軍人、ユダヤ人国家の設立の後にはロシア・ユダヤ人が加わる。（p. 402／(3)二〇二―二〇四頁）

「容疑者」から「潜在的な敵」あるいは（英語版第二版・ドイツ語版の表現では）「客観的な敵」へのこうした転換は全体主義体制における秘密警察の地位そのものの変化と対応している。それ以前の専制支配においては、諜報機関はいわば「国家の中の国家」として他の公的部門に対して優位を占めていたが、全体主義のもとではその指導者に完全に従属するようになる。逮捕すべき相手を定めるのは警察ではなく、政府が特定のカテゴリーの住民の逮捕を決定するからである（p. 403／(3)二〇五―二〇六頁）。

そうした地位の変化にもかかわらず、秘密警察の重要性は減退することにはならない。全体主義体制における秘密警察は、玉葱状の階層構造とは独立に直接に支配者の命令を伝達する真の執行機関となる。秘密警察は全体主義国における唯一の公然たる支配階級となり、その価値基準が全体主義の社会全体に浸透することになる。

> かくして全体主義支配の下では容疑者のカテゴリーは全人口を包括することになる。公式に命令され絶えず変更される路線から外れるものは、それがどんな人間活動の領域であろうと容疑者となる。考えるというその能力のゆえに、人間そのものが定義上容疑者となる。考えるという人間の能力は、すなわち心変わりの能力でもあるからである。その上、他人の心を疑問の余地なく知ることなど不可能なので――だから拷問というのは不可能なことを達成しようとする永遠に絶望的な試みなのである――もし何らかの共同の価値や確定的な利益が社会的な（たんに心理的なものとは違う）リアリティをもつものとして存在しないならば、嫌疑は決して晴れることがない。それゆえ、相互の猜疑心は全体主義国のあらゆる社会関係に滲透して、秘密警察の職務の範囲を超えてその雰囲気はあらゆるところに広がっていくのである。（p. 407／(3)二一六―二一七頁）

このような犯罪と犯罪者のカテゴリーの根本的な転換は、秘密警察による犯罪者の処置の方法を規定することになる。犯罪者は刑罰によって処罰されるが、存在自体が望ましからぬ特定のカテゴリーの人間は地上から抹消されなければならない。そのための装置が強制収容所なのであった。すでに述べたように、全体主義運動は秘密結社としての性格を顕著に有していたが、こうして権力掌握後に秘密警察というかたちで、真の秘密結社を作り出すのである。まさに全体主義国において唯一厳密に擁護された秘密、唯一秘教的な知識こそ、警察の機能と強制収容所に関するそれなのであった（pp. 410-411）。

3　テロルの帰結としての強制収容所

だがどうしてそのような支配が可能になったのか。そこに全体主義を理解する上での最大の難点がある。

かなり長い間、通常の世界の正常性こそが全体主義的な大量犯罪が暴露されないようにする最も有効な保護となっていた。「正常な人間はすべてが可能だなどとは考えない」。途方もなく恐ろしい出来事に直面して彼らは自分の目や耳を信ずることを拒否する。ちょうど大衆が正常なリア

> リティに直面して自分の目や耳を信じないように。なぜなら正常な世界には彼らの居場所は残されていないからである。全体主義体制が虚構の世界、逆立ちした世界を実現するところまで行き着くことができた理由は、外部の非全体主義世界が——そこにはつねに全体主義国の住民の大部分も含まれているのだが——希望的観測に耽ったり、本物の狂気に直面してリアリティから逃避するからである。ちょうど大衆が正常な世界に直面したときにそうするように。（p. 413／⑶二二九頁）

全体主義の恐るべき実験の結果は部分的にしか知ることができない。もとよりそれは体制の側の作為の結果でもある。「恐るべき出来事を信じようとしない常識の性向は全体主義支配者自身によっても強められる。支配者は信頼できる統計も、手を加えられていない（controllable）事実も人物も公表されないようにして、生きた死者たちのおかれた場について主観的で、科学的に操作できないような信頼性に欠ける報告しか出てこないようにするからである」（p. 413／⑶二二九頁）。だがそこには作為以上のもの、全体主義という人間の日常的で正常な感覚や間尺に合わない現象に直面したときに、それがどこから来たのかを問うこと自体を困難にする何かがそこには存在している。

全体主義支配が論理的にいきつく制度が強制収容所であるとするならば、全体主義を理解するためには「恐怖について考え続ける」ことが不可欠であるように見える。だがそのためには回想録も伝達能力に欠けた目撃者の報告以上に役に立つわけではない。どちらの場合にも、経験した

> ことから逃れようとする傾向がそこにはある。こうした種類の著者たちは、本能的にであれ合理的にであれ、生者の世界と生きながらにして死んでいる者たちの世界とを隔てている深淵をあまりに知りすぎていて、それに関わった本人にも聴衆にも信じられないに違いない一連の出来事の記憶を提示することしかできないのである。身をもってそれを体験していないが、そうした報告に感情をかき立てられる者、つまり獣のような絶望的なテロルからは自由な者のする恐ろしげな想像だけがそうした恐怖について考え続けることができるのだ。本当にそうした恐怖に直面すればたんなる反射的反応以外のすべては麻痺してしまう。そのような思考は政治的な文脈の理解や政治的情熱の動員にしか役に立たない。恐怖について考えたからといって、なにか人格の変化が起こるわけではない。実際に恐怖を経験することが、どんな種類の人格の変化ももたらさないのと同様にである。人間を反応の束にしてしまうことは精神疾患と同様に、人格とか性格といわれるすべてのものを根こそぎ取り払ってしまうのである。ラザロのように死者の中からよみがえったとき〔『ヨハネ伝』第一一章〕、彼は自分の人格や性格が、去ったときと同じまま残されていることに気づくのである。(pp. 415-416／⑶二三六―二三八頁)

強制収容所の経験は人間の想像力を超えている。収容された者は「生と死の外側」に存在していて、その実態が「完全な形で報告されることはない、その理由は、生き残った者たちが生の世界に帰ってきても、自分自身の過去の経験を信ずること自体が難しくなるからである」(p. 416)。

この点で強制収容所は、牢獄での強制労働、刑罰植民地、追放、奴隷とは比較にならない特異性をもっている。強制労働はその期間や強度に一定の限界がある。追放は人間の住む別の部分に囚人を送るだけで、彼を人間世界から完全に排除するわけではない。奴隷は社会秩序内部の制度であり、労働の手段として一定の価格、財産としての価値を与えられている。これに対して強制収容所の収容者は、いかなる価格もつけられない。彼はいつでも置きかえ可能な存在で、誰も彼が何処に属するか知らない。正常な社会の観点から見れば、絶対的に余計な存在となるのである（pp. 416-417／(3)二四〇—二四一頁）。

死体工場への論理的プロセス

日常の世界、通常の正気をもった人間の住まう世界の間尺に合わないそうした世界は、たしかに人間の理解を超えているかもしれない。だが、それにもかかわらず、そうした結果をもたらした過程そのものは理解することができる、とアレントは言う。

> 強制収容所の社会というその最終結果は狂気のごとく見えるが、それと比較するならば、人々をこの目的のために準備させたプロセス、これらの条件に個人が適応していったプロセスそのものはいたって透明で論理的である。狂気の死体工場はそれに先行して、生きた死体をつくるという歴史的にも政治的にも理解可能な過程によって準備されたのである。（p. 419／(3)二四五頁）

人々を強制収容所と人間そのものを絶滅へと導く過程は次のような段階を経て進行する。

まず最初の段階は「法的人格」の剝奪である。特定のカテゴリーの人間が法的保護から排除される。他方で、強制収容所が正常な処罰システムの外に置かれることによって、収容対象者が通常の司法手続きの外に置かれる（pp. 419-420／⑶二四六頁）。ここでは犠牲者が恣意的に選抜されることが制度の本質的原理となる。「恣意的なシステムの目的は住民全体の市民的権利の破壊であり、彼らは究極的には自国内で法の外に置かれる。無国籍者や故郷喪失者（homeless）のように。一人の人間の権利の破壊、人間の中の法的人格の殺害、これが人を支配するための前提条件なのである」（p. 422／⑶二五二頁）。

次に行われるのが「道徳的な人格」の破壊である。犠牲者に対する家族や友人による追悼や追憶は禁じられ、その存在それ自体が忘却・抹消される。かくして犠牲者は匿名化され、収容者の生死自体を知ることが不可能になり、死は個人の一生の終わりという意味さえ奪われる。道徳的（精神的）人格に対する攻撃は個人の良心そのものに対しても向けられる。「全体主義テロルが最も恐るべき勝利を達成するのは、道徳的人格を個人主義的逃避から遮断して、良心の決定を絶対的に不確かで曖昧なものにすることに成功した時である。自分の友人を裏切り殺すのか、それとも自分がいかなる意味でも責任をとらねばならない妻子を死地へと送り出すのか、どちらにするかという選択を突きつけられた時、たとえ自殺してもそれは家族が殺されることを意味する時に、どうやって決定すべきだというのか？　選択肢はもはや善か悪かではなく、殺人と殺人の間でしかないのだ。三人の子供のうち誰を殺すか選べとナチスに言われたギリシアの婦人の道徳的ジレンマをだれが解決できるだろうか？」（p. 424／⑶二五四―二五五頁）　全体主義体制は、良心が適切に機能しない条件を創出することによって、その犯罪にすべての者を巻き込むのである。

そして最後に、人間の個性・個別性、その人固有のアイデンティティが生きた人間から抹殺される。家畜用貨車にまとめて放り込まれて移送され、頭髪を刈られ、囚人服を着せられて、すぐには死なないよう周到に計画された拷問等々によって、個人の人格は完全に破壊される。

そうした破壊を担うのは、野獣のような突撃隊（SA）隊員のサディズム――その背後には自分たちよりも社会的・知的・肉体的に優れた者に対するルサンチマンがあるとアレントは見ている――ではない。「本当の恐怖が始まるのは、親衛隊（SS）が強制収容所の管理を引き受けるときである。昔ながらの自発的な残虐行為は、人間の尊厳を根絶するために計算され、まったく冷静かつ体系的に施される人間の身体の破壊に道を譲る。強制収容所はもはや獣たちの遊園地、本来は精神病院や監獄に入るべき者たちの遊び場ではなく、まさに反対に、完全に正常な人間が一人前のSS隊員になるための『訓練場』となったのである」(pp. 425-426／(3)二五七頁)。

法的な人格が剝奪されて道徳的な人格が殺害された後では、個性の破壊はほとんどみるべき抵抗もなく進行する。強制収容所で収容者たちの深刻な反乱が起きたことはほとんどなかったし、死を宣告された者がせめて執行者を道連れにしようと抵抗したこともなかった。収容所が解放された時でさえ、親衛隊員に対する自然発生的な殺戮など起きなかった。「というのも個性を破壊するということは自発性を破壊すること、自分自身の源泉から何か新しいこと、環境や出来事への反応からは説明できない新しいことを始める力を破壊することだからである。そこに残されていたのは人間の顔をしてはいるが死人のように青ざめた操り人形、まるでパブロフの実験の犬のように、自分が死に向かっているときにも確実な反応を、〔反射的な〕反応以外の行動をしない操り人形でしかなかった」（pp. 426-427／⑶二五八頁）。

そこに創り出されたのは条件反射的に事物に反応する動物のごとき人間である。もっとも「パブロフの犬」それ自体も、ある意味では実験による奇形化であるから、人間の動物化というのは正確な表現ではないだろう。パブロフの犬が自然のままの動物ではもはやないように、彼らは動物でも人間でもない、実際に「死体」になる以前にすでに「人間としては死せる身体」となっているというのである。それはまさに全体主義のシステムの勝利であった。

> 事実、強制収容所は他のいかなる制度にも増して体制の権力維持のために必須のものなのである。強制収容所とそれがかき立てる漠然とした恐怖がなければ、そして収容所でなければ、その最も徹底した可能性を試すことのできないような明確な全体主義支配のための訓練がなければ、全体主義国家が核武装の軍隊にファナティシズムを吹き込むことも、人民全体を完全なアパシーの下に維持することもできなかったろう。（S. 427／⑶二六〇頁）

第五章　イデオロギーとテロル

第一節　初版結語

全体主義の行き着く先は何か、『全体主義の起源』英語版初版の第一三章「結語」でアレントはこう述べている。

> 全体主義のもつ含意のすべてをわれわれは知らないし、そうした機会が来ることをわれわれは決して望みはしない。全体主義の潜在力が完全に実現されるのはそれが地球を征服した時だけであり、その時にはいかなる人類ももはやその殺人的支配の外で生きることはできないのである。全体主義政府の野望のすべては、地球がいくつかの全体主義政府に分割された場合でも達成されることはない。全体主義はいかなる分化も許さない——たとえそれが単純な複数性（plurality）のそれであっても、そのような競合は懐疑と反抗を生み出すからである。(p. 429)

全体主義の本質が運動にあるとすれば、論理的にはそれは世界全体の支配までいかないと完結しない性質のものであった。そのような地点に到達すれば、あるいは一定の国や領域の権力を掌握した段階で運動そのもののダイナミズムを喪失すれば、全体主義という現象は消滅するだろう。いずれにせよそれが多くの犠牲をともなうものであることは間違いない。そこにもたらされるものは巨大な空白である。

　これらすべてが示していると思われるのは、全体主義はいつの日にか単純に消滅するだろうということである。人類の歴史にそれが残すのは消耗し尽くした人々、経済的・社会的な混沌、政治的真空状態、そして精神的な空白（*tabula rasa*）である。われわれの世代が生きている間に忘却の穴を、死体の大量生産工場を、これまで起こったどんな殺人よりも大きな罪のことを忘れることが許される時が来るかもしれない。全体主義の無益さは、そのために恐るべき犯罪を準備することになった教義の不快極まる馬鹿馬鹿しさとともに、この現象の本質的な側面なのである。(p. 430)

「忘却の穴」という表現をめぐっては、これを隠蔽するナチスの所業を結果的に擁護することにならないかという批判がなされており、後にアレント自身も「完全な忘却は不可能だ」と修正しているのであるが、当面の文脈で問題とされているのは、ナチスや親衛隊による意図的な隠蔽工作ではない。すでに述べたように、強制収容所の経験そのものが「人間的な経験」、通常の意味で経験され記憶され、そして思考の材料となる――記憶されて思考されることによって初めてその出来事は「経験」となる――という枠を越えるものであり、その意味において、体験した当の犠牲者はもとよりそれを観察したり、伝え聞いたりした人間にとっても記憶とそして思考を拒む、あるいは人に拒ませる、そのような性質のものなのである。まさにそうした人間の「経験」、記憶と思考そのものを破壊するところに、全体主義の異常な特質とその犯罪性はあった。

すべては可能となる、という全体主義の信念が証明したのは、すべては破壊可能であるということでしかないように見える。しかしながらすべては可能であるということを証明しようと努力するうちに、全体主義体制は知らず知らずのうちに、人が処罰することも許すこともできないような犯罪があることを発見したのである。不可能なことが可能になるときには、それは処罰することもできず許すこともできない絶対的悪（absolute evil）となる。もはや自己利益、貪婪、貪欲、怨恨、権力渇望、臆病などといった邪悪な動機でそれを理解したり説明したりはできないし、だから怒りを覚えたとしても復讐することはできない。愛は堪えることができない。友情も許すことができないのである。死の工場や忘却の穴の犠牲者はもはや執行者の目には「人間」ではないのと同じように、この最新種の犯罪者は人間の罪深さという連帯の枠（pale even）を越えているのである。（p. 433）

しかしながら、経験とその記憶を拒むところに全体主義と強制収容所の特質があるとしても、それでもなお人は問うであろう。そのような特異な運動と体制を地上の世界にもたらしたのは何だったのか、どうして、人々はそれに唯々諾々と従ったのか、と。[1] 本論での検討を踏まえて、あらためてそうした問題に回答を与えたのが、ドイツ語版ならびに英語版第二版で付加された章「イデオロギーとテロル」である。

第二節「イデオロギーとテロル」

ここでアレントが問うているのは全体主義体制とはいかなる体制なのか、ということである。すなわち、全体主義の本質が運動にあるとしても、たんなる無秩序や混乱とは異なる何かであるとすれば、それはいかなる意味での秩序を形成するものなのか、いいかえれば、旧来の政治体制とはいかなる点で異なるのかという問題である。

例えばモンテスキューの体制類型論では、君主制、共和制という法に基づく統治と、法によらない専制とが対置され、君主制においては名誉、共和制においては徳、専制においては恐怖がそれを支えていた。これに対して全体主義を支える行動原理はもはや専制のような恐怖ではない。

> 全体的テロルの条件の下では、恐怖さえ行動の指針にならない。なぜならテロルは個人の行動や思想を考慮してその犠牲者を選ぶのではなく、もっぱら自然もしくは歴史の過程の客観的な必然性にしたがって犠牲者を選ぶからである。全体主義の下では恐怖は以前のいかなる時代よりも広まるだろう。だが恐怖によって導かれる行動が人々の恐れる危険を避けるのにもはや役立たないときには、恐怖はその実際的な効用を失っているのである。(2nd ed., p. 467／(3)三二〇頁)

全体主義体制に人が従うのは暴力による強制、暴力のもたらす恐怖によってではない。恐怖さえ必要ない段階でテロルは進行する。全体主義体制においてモンテスキューのいう「行動原理」の代用品となるのがイデオロギーなのである。

観念が大衆を捉えたときに生ずるとマルクスが考えた力は、観念それ自体ではなく観念の論理的過程の中にあることが明らかになった。この論理的過程は「強力な触手のように君を四方八方からしっかりと押さえ込み、それを振りほどく力は君にはない。君は降服するか、完全な敗北に甘んじることを決意せねばならない」。階級なき社会とか支配民族というイデオロギーの目標の実現が問題になる段階になってはじめてこの力は現れてくる。イデオロギーは大衆に訴える力のある実質的な内容――労働者に対する搾取、あるいはドイツ人の国民的願望――に基づいているのだが、そうした内容は徐々に失われて、いわば過程そのものに呑み込まれる。「氷のように冷徹な推論」や「論理の不可抗的な力」に完全に従ってボリシェヴィキ支配下の労働者は帝政の抑圧の下でなお享受していた権利さえ失い、ドイツ国民はその生存のための最小限の要求さえ顧慮しないような戦争を強いられることになる。もともとは（労働者階級やゲルマン民族といった）イデオロギーの本当の内容が（歴史の法則としての階級闘争であるとか自然の法則としての人種間の闘争といった）「観念」を生み出したものなのだが、そうした本来の内容はこの「観念」が遂行する論理によって呑み込まれてしまう。このことは単に利己的利害関心や権力欲からなされる裏切りのせいではなく、イデオロギーに基づく政治の本質なのである。（2nd ed., p. 472／⑶三一五―三

一六頁）

人々がイデオロギーの強制に服するのは、イデオロギーの内容——抑圧からの解放とか民族の優位といった主張——に共鳴するからではなく、そのイデオロギーから導き出される「観念」の論理的強制力のゆえにである。論理のプロセスのもつ有無を言わさぬ強制こそ、経験を頼りにこの世界で生きていけなくなった人々に確信を与えることができるからである。この世界で生きるための指針ではなく、人種イデオロギーや階級イデオロギーが提示する超自然的な自然の力や歴史の力に人々は身を委ねるのである。一九世紀のイデオロギーはなお人々に世界の意味と自分の位置を知らせる世界観という形をとっていた。だがイデオロギーが政治的組織化の手段となり、全体主義的運動の原理となるにともなって、イデオロギーがもっていた実体的内容は「観念」の論理的強制のなかに呑み込まれていくことになる。

そうしたイデオロギーの強制に基づく全体主義的動員においては指導者と大衆の区別そのものも運動の中に溶解する。第三部の加筆部分ではこう述べている。

> その特異なイデオロギーと、それが強制装置の中で果たすことになる役割のおかげで、全体主義は人間を内側から支配しテロルを加える手段を見出したのである。その意味において全体主義は支配者と被支配者の間の距離を縮めて、われわれが理解するような権力と権力への意志が何の役割も果たさないような状況をつくり出すことに成功したのである。実質的には、全体主義のリ

ーダーは彼が指導する大衆を代表する職員（functionary）以上でも以下でもないのである。（2nd ed., p. 325／⑶三八―三九頁）

全体主義における動員とそこで生まれる力、バラバラに孤立化した人間集積と組織によって生まれる力は、たんなる暴力装置による外面的な支配ではなく、内側からの強制による動員、その結果として生まれるものであった。そこで行使される「テロル」は、恐怖による支配や脅迫のための手段としての暴力というよりは、そうした動員と組織・画一化に大衆を巻き込んでいく過程そのものということになるだろう。そうした過程によって産み出される巨大な力に対抗できるものは何か、アレントはこう述べている。

> この内的な強制力は論理の専制であって、これに対抗できるのは何か新しいことを始めるという人間の偉大な能力の他にない。論理の専制は、自分の思想を生み出すときに頼る無限の過程としての論理に精神が屈服するときにはじまる。外的な専制に対して屈服するとき人間は運動の自由を放棄するが、それと同時に論理への屈服によって人間は内的な自由を放棄するのである。人間の内的な能力としての自由が何かを始める能力と同一であることは、政治的現実としての自由が人間と人間の間にある運動の空間と同一であるのと全く同じである。（2nd ed., p. 473／⑶二九一―二九二、三一七頁）

イデオロギーの論理による強制に屈服することで、人は内的な自由という人間の根源的な能力を放棄するのである。内的な自由とは何か新たなことを始める能力そのものであり、複数の人間によって構成される政治的空間における活動の自由と表裏一体のものである。複数の人間が共に生きるという政治活動の経験には、何かを新たに始めるという要素が含まれている。ここには『人間の条件』や『革命について』で展開される政治活動と権力の新たな概念――人間の複数性という条件の下で行われる「活動」と、そこで生まれる力としての「権力（power）」――への視点がすでに示されている。[2]

　全体主義が破壊するものは政治的な活動領域における自由にとどまらない。全体主義は人々を「孤立（isolation）」させるだけでなく「孤独（loneliness）」にする。「孤立（isolation）」が生活の政治的な領域にのみ関わるのに対して、孤独（loneliness）は人間生活の全体にかかわる。たしかに全体主義的統治は、あらゆる専制と同様、政治的な生活の領域を破壊し、人々を孤立させて彼らの政治的能力を破壊しなければ存立しえない。だが全体主義的支配が統治形態として新しいところは、それが人々を孤立させるだけでは満足せず、彼らの私生活をも破壊することにある。全体主義的支配は人間が持つ最も根本的で最も絶望的な経験の一つである孤独の上に、つまり自分がこの世界に全く属していないという経験の上に成り立っているのである」（p. 475／⑶三二〇頁）。

　モンテスキューが提示した君主制、共和制、専制という政治体制の背後には、人間の共同生活の異なる経験が踏まえられていた。これに対応する形で、もし体制としての全体主義に依拠する経験というものがあるとすれば、それは孤独（loneliness）という経験だとアレントはいうのである。[3]

　ここでアレントの言う「孤独」は、単独であること（solitude）とは異なるものである。人間が一人でいることは思考と哲学の前提となる基礎的経験である。これに対して、全体主義の基礎となる大衆、原子化され、バラバラになって孤立した個人は、行動の能力だけでなく、思考と経験の能力をも破壊される。[4] 専制のようにたんに人間を政治的に孤立（isolation）させるだけでなく、まさにそうした人間的な経験と思考能力、人間的な生活のすべての基盤、人間的な関係そのものを破壊するのが全体主義の「経験」なのである。そこでは通常の意味での「死」と、そして「生」もまた否定されるだろう。まさにその意味において全体主義の論理的帰結たる強制収容所は「生と死の彼岸」にあった。[5]

第六章　戦後世界と全体主義

ナチスの全体主義は敗戦とヒトラーの死によって崩壊したとしても、今ひとつの全体主義体制はまだ存続していた。初版が出された一九五一年の時点ではまだスターリンは存命であり、全体主義体制はいまだ過去のものではなく、依然として大きな影響力を揮っていた。一九五三年三月五日のスターリンの死後、ソビエト・ロシアはどこへ向かうのか。ナチスと同様にその指導者の死とともに崩壊するのか、あるいはその本質はそのままに誰か別の者が指導者の椅子に据えられるのか、それとも何らかのかたちで日常化・正常化への道を辿ることになるのか。スターリン没後のソビエト・ロシアの帰趨はヨーロッパの政治にとってのみならず、戦後世界全体にとって決定的に重要な問いであった。

一九五八年に出された英語版第二版では、「イデオロギーとテロル」と同様に論文として発表されていた「全体主義的帝国主義：ハンガリー革命についての省察」が第一四章「エピローグ」として付加される。ここでは「スターリン批判」以降のロシアならびに東欧の共産主義体制の動向が検討されている[1]。

第一節　スターリン死後のロシア

一九五六年にハンガリーで起きた市民の反乱をアレントが一七七五―七六年のアメリカ独立革命に

はじまる近代革命の系譜の上に位置づけていることはよく知られているが、このハンガリー革命は自発的・自然発生的であると同時に、スターリン死後のソ連・東欧圏に生じた体制危機の結果でもあった。

> 今日われわれが知っているように、スターリンの死は巨大な新たなパージの前夜に起きたので、彼の死が自然死であれ殺人であれ、党の最上層の雰囲気は極度の恐怖で満たされていたに違いない。後継者はいなかった。誰もスターリンから指名されてはいなかったし、ただちにその任を引き受けた者も、その人に相応しいと自任した者もいなかったから、トップ・リーダーの間で後継者をめぐる争いが直ちに起きて、ソ連と衛星国に危機を引き起こした。その結果は、スターリン死後五年目の現在なお決着がついていないかもしれないが、一つのことは確かである。すなわち全体主義的独裁の最も深刻な欠点の一つはこの問題の解決法を見出すことができないということである。(2nd ed., p. 483)

後継者問題が全体主義の難点となることはすでに第三部で予想されていた。スターリンやヒトラーは後継者の問題を重視しなかった。そもそも運動を本質とする全体主義にとって、後継者指定の規則が定められるならば、それはある種の正常化・合法化へ踏み出すことを意味したからである。ナチス・ドイツの全体主義は敗戦とヒトラーの死によって終焉を迎えたが、ソビエト・ロシアの場合には、スターリンの死によって後継者をめぐる競争が事実として開始されることになる。ナチスの体制において全体主義の中心装置である秘密警察の責任者ヒムラーに相当していたベリヤ（一八九九―一九五三年）がまずは一番危険な相手として排除される。それは全体主義から正常化への第一歩となるのか、マレンコフ（一九〇二―八八年）との集団指導から最終的に他の指導者を退けて指導権を掌握したフルシチョフ（一八九四―一九七一年）の支配はポスト・スターリン体制という内実を備えているのか、あるいはそうした可能性を示しているのか。アレントはフルシチョフが演説の中で宣言した作家・芸術家などの「芸術家ユニオン」の設立に着目する。

「彼は外部の団体（警察）によって行使される監視ではなく、人民の中からリクルートされたそれ、この場合には作家や芸術家自身によるそれを計画しているように見える。これは、あらゆる全体主義社会に浸透している相互スパイの原則の制度化、おそらくは改善となるだろうし、そうした相互スパイの有効性をスターリンは他人による情報と誹謗を唯一の忠誠のテストとすることで達成したのであった」。つまり「フルシチョフは秘密警察の一定の機能を高度に組織されたモッブ支配によって置き換えることを提案しているのである」(2nd ed., p. 485)。

　そうした方向はフルシチョフの分権化構想にも見ることができる。それはソビエト社会の民主化やソビエト経済の合理化を示すものではなく、「管理者階級の権力を打破することを意図」している。モスクワに集中された人員を地方へ再配置することは「原子化」を促すことになるであろう。「フルシチョフは階級的同一性と連帯性の徴候を示し始めたあらゆる集団は解体されねばならないということをスターリンから学んだ」のであった。「スターリンが恒常的な革命と定期的な巨大なパージによって達成したものを、フルシチョフは新しい工夫によって、いわば新しい社会そのものに組み込んで、内部から原子化を保証しようとした」のである。その意味においてフルシチョフはスターリンの忠実な弟子であり、師の駆使した手法を新たなかたちで展開しようとしているのである。

　ただしスターリンとフルシチョフの間には方法とアプローチの点で重要な相違がある。ハンガリー革命に対してフルシチョフがとった軍事的な鎮圧という方法は、恐ろしくまたそれ自体としては効果的ではあったけれども、スターリンの典型的なやり方ではない。「おそらくスターリンなら軍事作戦より警察行動の方を選んだだろうし、単にリーダーを処刑し数千人を投獄するのでなく、総体的な国外追放と国内の意識的な人口減少を追求したことであろう。ハンガリー経済の完全な崩壊を防止するため、大衆飢餓を避けるために援助するといった、革命後の数年にソ連が行ったような措置がとられることはなかっただろう」(2nd ed., p. 486)。

　こうした方法の変化がどこまで確定的なものかはまだ分からない。それは集団指導に伴う紆余曲折の一時的な現象、テロルやイデオロギー的厳格さの緩和にともなう内部闘争の結果かもしれない。少なくともいくつかの外的な要因がポスト・スターリン期の相対的な緊張緩和、これまで全体主義と同一視されてきた特徴や方策の放棄をもたらした可能性はある——言いかえれば、そうした変化はソ連国内における「下からの圧力」によるものではない——とアレントは見ている。

> 　第一の要因はソ連がはじめて本当の労働力不足に陥ったという事実である。これは主として戦争がもたらした深刻な損失によるものであり、また工業化が徐々に進展したこともその一因なのだが、一九三〇年代の深刻な失業問題の解決のためには必要だった奴隷労働の制度や強制収容所

——ならびに絶滅収容所——その他の措置はいまや余計であるばかりか危険なものになった。若い世代がスターリンの新たな超粛清計画に反対したのは、個人的な安全のためだけでなく、ロシアはもはや「人的資源」のあまりに高価な犠牲を払うだけの立場にないと考えたからだ、というのはまったくありうることである。ベリヤとその一派の粛清に続いて行われたのが警察・奴隷帝国の本格的な清算であり、いくつかの収容所を強制定住に転化することであり、相当数と推定される収容者が釈放されたのはおそらくこれで最もよく説明できる。(2nd ed., p. 486)

本論で述べたように全体主義成立の最大の条件は大量の人間の集積としての大衆、いいかえれば人間の過剰・余剰であった。だがロシアにおいても戦争による巨大な損失と、そして工業化それ自体によって労働者不足が生じてきている。これが全体主義の従来のような展開を制約しているのである。人間の不足と関連する第二の要因が、中国の共産主義政権の登場であった。およそロシアに対して三倍の人口を擁する巨大な共産主義国家の出現は、ソビエト・ロシアをはじめとする共産主義陣営に大きな変化をもたらすことになるであろう。

これらの要素はロシアをしてナショナル・コミュニズムというコミュニスト内の異端にみずからを駆り立てるように見える、それらは明らかにユーゴスラヴィアや中国で支配体制になってきている。小国のコミュニスト、〔ポーランドの〕ゴムルカ（一九〇五―八二年）、〔ハンガリーの〕ライク（一九〇九―四九年）やナジ（一八九六―一九五八年）、〔ユーゴスラヴィアの〕チトー（一八九九

> 二―一九八〇年）自身もこうした逸脱へと向かうに違いない。モスクワの単なる代理人以上であるコミュニストは――世界中どこでも、世界革命戦略のなにか高度の理由のためには、支配階級となろうとする――それ以外の選択肢はないのである。中国では事情は異なっていて、そこではロシア以上に容易く全体主義テロルの代価を引き受けることができる。しかしながら実際は、毛〔沢東〕（一八九三―一九七六年）は慎重にナショナルなオルタナティブの方を選択して一九五七年の有名な演説でこれと適合する一連の理論を定式化したが、それは公式のロシアのイデオロギーとは明らかに矛盾するものだったのである。「人民内部の矛盾を正しく処理する問題について」という文書はレーニン死後の共産圏から出てきた第一級の重要な著作であることは間違いない。これとともにイデオロギー的な主導権はモスクワから北京に移ることになった。実際にこれは将来の極めて重大な結果を宿すものであるかもしれないし、ロシアの体制の全体主義的性格を変えさえするかもしれない。だがこの時点ではそうした類の期待は、控えめに言ってもまだ時期尚早である。（2nd ed., p. 487）

中国との対抗から、ロシアはインターナショナリズムからナショナリズムという共産主義の異端へ、あるいは本来の全体主義のイデオロギーからの逸脱へと踏み出そうとしているように見える。他の小国の共産主義体制も彼らがモスクワの支配から離脱しようとするならば、多かれ少なかれ同じような方向に向かうだろう。他方で巨大な人口を擁する中国は、本来の全体主義へと向かう潜在的可能性を秘めながらも、やはり国民的な方向を選んできているように見える。現時点ではまだ確定的なことは言えないが、そうした変化はロシアの体制の全体主義的性格を根底から変える可能性をもっているとアレントは言うのである。

第三の変化として、警察から軍隊への重心の移動があげられる。アレントの見るところ、これは一時的なものであって過大評価すべきではない。ソ連がいわゆる軍事独裁に転換する可能性はほとんどない。「実際のところは、フルシチョフはジューコフ（一八九六―一九七四年）をまさにスターリンが三〇年前に秘密警察を継承闘争で用いたのと同じように利用したのである。スターリンの場合に最高権力は警察ではなく党の下にあり続けたように、今度の場合も最高権力を維持したのは党機構であって軍隊ではなかった。そしてスターリンが彼の警察幹部をパージしてその責任者を粛清するのを躊躇しなかったように、フルシチョフもジューコフを最高司令官から解任することでその党内マヌーバーに従ったのである」(2nd ed., p. 490)。

もとより軍事独裁への転換が戦争の危険をただちに意味するわけでもないし、その逆もまた真ならずである。いずれにせよ中国という巨人に直面してロシアは一時的に合衆国と協定して現状を凍結し、二つの超大国が現存の影響圏を互いに認め尊重することに傾いている。その限りではソビエト指導部は本当に戦争の危険を冒そうとは考えていないように見える。ただしソビエト・ロシアの場合、対外的な緊張緩和政策をそれ自体として評価することは危険である。

> ロシアがいま一度戦争の危険を冒そうと考えていない確かな証拠が、ソビエト支配圏全体の生活条件が再び悪化の方向に転じたことにあるというのが、全体主義統治の本質の恐ろしさであ

る。この数年の間ロシアの人々は衛星国の人々とともに相対的に安楽で豊かな成果を享受していたのであるから。スターリンの政策の主要な支柱の一つは攻撃的な外交政策と国内での譲歩との結合にあり、対外的な譲歩を〔国内のテロルで〕埋め合わせて、全体主義運動の動力が制止しないようにすることにあった。ハンガリー、ポーランドとロシア国内でのソビエトの政策の近年の急進化は、人民の騒擾や反乱によって挑発されたものではなく、西側世界に対するそれほど攻撃的でない態度と並行していたが、ここでもまたフルシチョフは死んだ師の忠実な弟子なのである。（2nd ed., pp. 491-492）

プロパガンダとしての外政と内政との結合という全体主義体制の路線をフルシチョフ体制は継承している。その結果われわれは核戦争の危機に直面している。

非全体主義世界に関する限り、再度の世界戦争は人類の生存を破壊し、有機的生命そのものの存在さえ脅かしかねないことは事実の問題である。このことは明らかに、戦争についてのこれまでの政治思想、自由のための戦争という正当化可能性、対外問題に関する最後の手段（ultima ratio）としての戦争の役割を、まったく時代遅れなものにしてしまった。だがわれわれにとって事実の問題は全体主義の精神にあってはイデオロギーの問題なのである。問題は意見や基本的な信念の相違ではなく、合意に達するために伴う困難でもなく、事実について合意することが恐ろしく困難だということである。（2nd ed., p. 492）

フルシチョフが依然として全体主義的なイデオロギーの閉じた世界でものを考えていて、外部の世界の現実、人類の生存を脅かしつつある核戦争の脅威に正面から向き合うことができないとすれば、それは人類にとって深刻な結果をもたらしかねない。その意味で、通常の世界の間尺でその政策意図は測れないという全体主義の脅威はなお存続しているとアレントは言うのである。

第二節　全体主義的帝国主義の問題

それではハンガリー革命を鎮圧したソ連と東側の体制全体はどこに向かうのだろうか。アレントはこれを「全体主義的帝国主義」と特徴づけている。[2]

すでに本論で述べていたように、帝国主義は国民国家の原理と相容れない。そこでの統治の方法は、本国に深刻な「ブーメラン効果」を及ぼすことになるであろう。海外植民地と本国の区別が可能であったイギリスでさえも、そうした二元論を長く維持することは不可能であった。しかも「厳密に言ってロシアが国民国家であったことは一度もない。ツァーリでさえモスクワの権力中枢から多民族帝国を統治していたのである。民族自治の原則、従属人民が彼ら自身の政治的実存をもつことを否定する古い帝国主義者にとってのこの悪夢は今日のモスクワ支配者にも問題を突きつける。彼らは衛星国を本質的には帝国内部で用いたのと同じ方法で支配している。彼らはモスクワによって発案され指令された政策を押しつけながら、民俗や言語のレベルでは民族（national）文化に譲歩しているが、ロシア語はすべての民族にとって公用語なのである。ロシア語の義務教育の導入はボリシェヴィキ化の過程でのモスクワの最初の要求であり、これを廃止することがハンガリーやポーランドのあらゆるマニフェストに明示的に書き込まれている」（2nd ed., p. 504）。

イギリスのような古典的海外帝国主義が維持できた植民地と本国の二元論は大陸ロシアでは不可能であった。それは全体主義政府が帝国主義的方法を推進する際にも制約条件となるであろう。しかも全体主義的帝国主義の場合に、彼らが直面する「ブーメラン効果」は西欧の帝国主義のそれとは異なっている。

> ヨーロッパの帝国主義は、極端な措置が有効であることが疑いない場合でも抑圧の一定の限界を超えることはできなかった。国内世論はそれを支持しなかっただろうし、合法的な政府は生き残れなかっただろう。それと正反対にロシアの全体主義は、征服した国々を譲歩によってさしあたりは沈静化させて、いざ戦争となった時に信頼のおける存在にできるかもしれない時でさえ、反対派を押しつぶしてあらゆる譲歩を控えねばならなかった。そのような「温情」は国内政府を危険にさらすし、征服した地域を特権的な地位におくことになるからである。（2nd ed., p. 505）

ソビエト・ロシアが東欧の衛星国に対して抑圧政策を当初とった背後には、全体主義特有の帝国主義的な権力関心があった。そこでの関心は「国内と植民地域との区別をどう維持するのかではなく、新たに征服した地域の条件をどうやってソビエト・ロシア本国のそれにまで引き下げるか」におかれていた。戦後ロシアの支配地域の拡大は経済的考慮によって生じたわけではない。「海外帝国主義の場合には利潤動機が非常に重要な位置を占めていたが、ここではまったくの権力動機にとって代わられたのである」。経済的利益を度外視したそうした権力動機は「ロシアそれ自体の利害関心に導かれてもいない」という意味で、まさしく本論で論じられた全体主義の自己破壊的な運動に相応しいものだったといえるだろう。ソ連はドイツをはじめとする東欧諸国から戦利品として工業設備を略奪的な仕方で撤去して自国に移送したが、輸送される前にすでに壊れていた設備を奪うというやり方そのものが、「彼らの真の目的が自国の生活水準を上げるよりも衛星国の生活水準を引き下げることにあったのを示している」のである (2nd ed., p. 505)。

ただしそうした傾向はいまや変化しつつあるかにみえる。「大量の石炭、鉄鉱石、石油や農産物も従属地域に逆輸出され、そこでの需要がロシアの資源の深刻な消耗をもたらし、ＵＳＳＲでの厳しい不足の原因となっている」。すでに指摘した労働力不足もロシア国内の経済生産がそれなりに軌道に乗りはじめたことを示すものであろう。その限りでは何らかの日常化・正常化への可能性は存在しているように思われる。

ソビエト・ロシアの「全体主義的帝国主義」の今後の動向を占う上で手がかりとなるのは西側の海外帝国主義ではなく、大陸帝国主義の経験である。すでに本論で述べたように、ナチズムもボリシェヴィズムも大陸帝国主義のイデオロギーとしての汎ゲルマン主義や汎スラブ主義から多くのものを継承していた。「彼らの拡大プログラムはその展望においてグローバルなもので、汎民族運動のそれとは区別されるのだが、大陸帝国主義の目的を追求しているのである」(2nd ed., p. 505)。そこで意図されているのは海外帝国主義のような本国と植民地という二元的な支配ではなく、中心から周辺へと連続的に拡大する帝国の形成であり、イギリス帝国主義のような「肌の色（color line）」に基づく「高等種族と低級種族」の区別ではなく、ヨーロッパの諸民族をゲルマン起源ないしスラブ起源の主人人種が支配することにある。

　そうした大陸帝国主義の方法に依拠した場合には、全体主義的帝国主義の展開にはいくつかの可能性が考えられる。ナチスの場合には、ヒトラーは海外領土所有や植民地の再建にほとんど関心をもたず、西ヨーロッパでは傀儡政権、地元の腐敗した政治家や「対独協力者」を通じて支配し、東欧では民族移住や絶滅政策によっていずれはエリート軍団を入植させることを考えていた。

　これに対してソ連では、バルト諸国は直接に連邦共和国＝ソビエト帝国に編入する一方で、衛星国においては、傀儡政権にではなく古参共産党員に依拠し、彼らには国際共産主義運動やモスクワの要求のために自国人民の利益を犠牲にすることを強制したのである――スターリンは住民の絶滅と再入植を考慮していた。その意味においてこの衛星国のシステムは一つの妥協の産物なのであった。

　それが生まれたのは二つの大国が敵対的な仕方ではあれ互いにそれぞれの影響圏を認め合うという戦後の状況においてである。そのようなものとして衛星国システムはアメリカの同盟システムに対する応答であり、ロシアにとって衛星国にまがい物ではあれ独立を与えることは、アメリカの同盟国が国家主権を無傷のまま残していることへの対応として重要なのである。(2nd ed., pp. 506-507)

かくして全体主義的帝国主義の支配圏に編入された衛星国において、全体主義の複製が形成される。一九四〇年代からの一連の過程、当初許容されていた複数の政党が清算されて一党独裁にいたる経緯は国内の自立的発展の幻想を強化するのに役立った。モスクワは自国の政府形態の複製をつくり出すだけでなく、そこにいたる発展径路も模倣する。人民戦線戦術の時期にも内務省は共産党員によって独占され、警察に対する統制を確保する。占領軍に伴って進駐してきたソビエト警察によって設立された警察は典型的な全体主義的方法で組織され、そこでは警察内部のエリートであるスパイ集団が警察の通常のメンバーについての情報を収集し、警察は党のメンバーと住民全体の情報を調達するのである。ロシアで行われたのと同様にボリシェヴィキ化は党の主要メンバーの見世物裁判から始まり、それ以外の党員はおそらくロシアの強制収容所に送られる。しかも警察のスパイ網は、ロシア軍によって設立されたスパイ網とは別に組織され、それぞれが「同じソビエト寡頭制内の別の主人に仕えている」という形で、官職の二重化、多重化までもが複製されるのである(2nd ed., pp. 507-508)。

もちろんロシアにおける全体主義的支配が完全に複製されるわけではない。警察はロシアの顧問が背後に隠れることなく公然と監督している唯一の制度であった。見世物裁判も彼らによって運営されていたのである。ハンガリーでの反乱の後には軍もロシア将校の指揮下におかれたが、こちらは予期せざる事態の進展に対する対応であった。さらに重要なのは、警察幹部の選抜の方法である。ロシアは全体主義支配の初期段階での経験に立ち戻り、犯罪者や評判の芳しからぬ分子に依拠することになったが、これは党の幹部やさらには住民全体から警察の構成員を任命するというロシア本国ですでに定着していた慣行とは対照的である。衛星国では警察は普通の市民だけでなく普通の党員からも区別された「エリート」をなしていたのである。本国ロシアと衛星国における相違、両者の間に存在する時間的なズレが事態の進展に大きな影響を与えることになる。

> 脱スターリン化の時期と継承危機は、ロシアそれ自体には大きな混乱をもたらさなかった。その最も危険な結果はポーランド、ハンガリーのようにロシアに最も従順に脱スターリン化を進めたところで起き、スターリニストがモスクワの傾向に抗して権力を維持したルーマニア、アルバニア、そしてブルガリアやチェコスロヴァキアでも騒乱は起きずに体制への忠誠が維持されたのである。全体主義的帝国主義の観点からいえば、脱スターリン化が間違いだったことは疑いない。(2nd ed., p. 509)

逆説的なことに、衛星国における体制危機は本国ロシアで試みられた脱スターリン化の路線変更に忠実に従おうとしたところで起きたのであった。そしてロシアでの政策展開に対して衛星国の反応が様々に異なっているということそれ自体が、結局のところソビエト・ロシアの全体主義的帝国主義がその支配に失敗していることを示している。現在、ハンガリーを占領するためになお二八の駐屯地が必要であり、ロシアの将校に指導されているハンガリー兵士にはまだ武器が与えられていない。もとよりNATOをモデルとして制定されたワルシャワ条約機構によってロシア軍の駐留は表面上は合法化されてはいるが、それが軍事力をテコにした支配であることは疑いがない。銃剣による支配は「時代遅れの、かなり不愉快な支配の方法であるばかりでなく、全体主義的な野望からして深刻な後退」である。だが、問題はそれにとどまるものではない。アレントは続けてこう述べている。

> こうした後退は今のところアジアやアフリカにこの体制が与えている魔力を解くことにはなっていない。政治的、感情的な生活がいまなお古い帝国主義、外国人が公然と権力を握るような帝国主義に対して敏感に反応するこれらの地域ではどこでも不幸なことに、人民は政治一般とくに近代的な政治についての経験をあまりもっていない。それゆえ彼らは簡単に騙される。いずれにせよそうした体制は自分たちが知っていた帝国主義とは違うし、体制の間違いがどこかにあっても人種の平等は侵害されていないと往々にして結論することになる。そうした事情は旧植民地の人民が自由を志向するのではなく肌の色にこだわる（colour conscious）限りは変わりそうもない。
> (2nd ed., p. 509)

ソビエト・ロシアの共産主義イデオロギーとその体制は、西側帝国主義に反発するアジア・アフリカの旧植民地諸国に対して大きな影響力を持ちつづけている。その意味においてソビエトの全体主義的帝国主義の問題は、戦後ヨーロッパの秩序のあり方にとどまらず、脱帝国主義・脱植民地化されたアジアやアフリカの問題とも結びつくことになる。帝国主義の遺産としての植民地支配と「人種」の問題はいまだ解決されていないのである。かくして『全体主義の起源』の本論で論じられていたヨーロッパ国民国家と帝国主義によるその解体の問題は、ヨーロッパ大陸における大陸帝国主義の遺産の上に成立した全体主義と、海外帝国主義とその清算の上にたつアジア・アフリカの民族運動とが出合うことによって、その巨大な連関の環を閉じることになる。

結語　『全体主義の起源』以降のアレント

『全体主義の起源』以降、アレントはそこで提示された一連の問題を引き続き追究していく。全体主義の運動を支えていたものは何であったのか、全体主義体制とそれがもたらした結果にわれわれはどう対処すべきであるのかという問いは、絶滅収容所へのユダヤ人移送の責任者であったアドルフ・アイヒマンの裁判をめぐって書かれた『イェルサレムのアイヒマン』（一九六三年）でさらに追究される。また全体主義が解体した「人間の条件」の本質、そしてその背景となった近代そのものへの問いは『人間の条件』（一九五八年）で論じられ、さらに「イデオロギーとテロル」で論じられていた政治的自由を可能にする条件の問題は、ハンガリー革命の経験とあわせて『革命について』（一九六三年）

で検討されることになるだろう。

もとよりアレントに突きつけられていたのは、そうした理論的な問題にとどまらない。「エピローグ」で述べられた全体主義的帝国主義のその後の展開、ソビエト全体主義と戦後世界をめぐる現実の展開、すなわち、ヨーロッパにおいては冷戦体制のもとでの東西ドイツをめぐる問題、ベルリン危機やドイツ統一をめぐる問題、さらに西側帝国主義と植民地体制の清算をめぐっては、アレントが市民権を獲得したアメリカ合衆国が踏み込んでいくベトナム戦争の問題、戦後パレスチナの地に建国されたイスラエルをめぐる問題が残されている。とりわけこの最後の問題は、ヨーロッパ帝国主義の植民地支配の清算、そしてユダヤ人問題の「解決」の結果として生まれ——しかも戦後の中東におけるイスラエルの行く末は東西の冷戦と密接に関わっているという意味において、『全体主義の起源』の提起した問題が本当の意味で完結すべき地点であるだろう[3]。

これらに対してアレントがどのような態度を取ったのか、いかなる答えを見いだしていったのか、これについてはまた別の機会に論じることにしよう。

注

序章

1　一九三〇年代に本格的に始まるスターリン体制の下での粛清、大量虐殺と収容所のシステムは、スターリン没後かなりの時期までリアリティをもっていたことも考慮する必要がある。アレントの二番目の夫であり思想的にも重要な対話の相手であったハインリヒ・ブリュッヒャー（一八九九—一九七〇年）はドイツ共産党員として活動していた経験を持っている。彼はアレントとともにパリからアメリカに渡ることになるが、同時期にナチスの支配を逃れてソビエト・ロシアに亡命したドイツ共産党員の行く末を考えれば、大粛清と収容所は決して他人事ではありえなかったはずである。総じて、アレント夫妻の世代から、渡米後に親密な友人となるメアリ・マッカーシー（一九一二—八九年）の世代——一九三〇年代のスペイン内戦や人民戦線の時代に左翼運動に身を投じて、スターリンとコミンテルンの指導の現実を経験した世代——の人々にとってソビエトの「全体主義」は深刻な問題であった。

　アレントは一九四八年の「ランド講義」で、反ナチスの立場をとる人間が反ヒトラー主義とはいわない——それはヒトラーに粛清されたレーム（一八八七—一九三四年）やシュトラッサー（一八九二—一九三四年）のようなナチス内部の党派闘争の加担者であることを示す——のと同様に、アメリカやヨーロッパの左翼・社会主義者の使う「反スターリン主義」という用語法は、問題を社会主義内部の党派闘争の立場に矮小化してしまうと述べたという(Hannah Arendt, *Essays in Understanding, 1930-1954*, edited by Jerome Kohn, Harcourt, Brace & Co., 1994, pp. 217-221（『アーレント政治思想集成2』齋藤純一・山田正行・矢野久美子訳、みすず書房、二〇〇二年、八—一二頁）、エリザベス・ヤング゠ブルーエル『ハンナ・アーレント伝』荒川幾男・原一子・本間直子・宮内寿子訳、晶文社、一九九九年、二九〇—二九一頁)。

2　「ファシズム」概念が用いられる場合にも、ナチス・ドイツの運動と支配から主要な特徴や標識が採られる場合が多く、その限りではアレントやその他の論者の「全体主義」概念と重なり合うことになる。ただしその場合には本家イタリアのファシズムの特徴が見逃される結果となる。

3 政治学の分野で全体主義が論じられる際には、C・J・フリードリヒの有名な定義（全体主義イデオロギー、単一政党の支配、秘密警察、情報・暴力手段・経済などの独占的統制）がその指標とされ、アレントの全体主義論もこれと同列に並べられることが多いが、アレントの議論にはアメリカ的な「政治科学」に対する根本的な批判がこめられていることにも留意が必要である。

4 代表的な概説書である川崎修『アレント――公共性の復権』講談社、一九九八年（のち『ハンナ・アレント』講談社学術文庫、二〇一四年）、マーガレット・カノヴァン『アレント政治思想の再解釈』寺島俊穂・伊藤洋典訳、未来社、二〇〇四年でも『全体主義の起源』の全体的な構成の難解さが指摘され、内容も第一部から順に扱われていない。

5 後に三分冊に分けられた際にアレントによって各部の序言がつけ加えられたことも、それぞれが独立した著作であるかのような印象を強めることになった。ただし、『全体主義の起源』の全体としての統一性をどう説明するかについてはアレント自身もいささか苦慮している。一九四八年一一月一九日付けのヤスパース宛書簡でこう述べている。「困ったことに、私の頭の中ではいつも一つの本なのに、本当は、少なくともそれが扱う史料に関する限り、反ユダヤ主義、帝国主義、全体主義という三種の本なのです。でも三冊に分けて出すのも、まずいでしょう。ユダヤ人は一冊目を読んだら私を石もて打ち殺すだろうからというだけでなく（だから私はぐずぐずと仕上げを引き延ばしているわけですが）、別々では政治的議論をきちんと展開できないからです。最初の二部はもうできあがって、いまは第三部の途中まで来ています」（『アーレント＝ヤスパース往復書簡1』大島かおり訳、みすず書房、二〇〇四年、一三九頁）。国民国家とユダヤ人の密接な関係から説き起こす第一部の議論は、反ユダヤ主義の原因をユダヤ人と国民国家とのある種の共謀関係に求めるものだとして、ユダヤ人からは反発がくるだろう、とアレントが予測していたこともここから知ることができる。

6 「イデオロギーとテロル」は、もともと一九五三年にヤスパースのための記念論集（*Offener Horizont: Festschrift für Karl Jaspers*, herausgegeben von Klaus Piper, Piper, 1953, S. 229-254）に発表され、さらに拡充された英訳が*The Review of Politics*, Vol. 15, No. 3, July 1953, pp. 303-327に掲載されている。邦訳にはドイツ語版、英語版第二版の両方が収められている。

7 第三部「全体主義」はナチスやスターリン体制の研究者からはほとんど無視されているのに対して、アレント研究者の側は事実についての実証的な評価は回避して、もっぱらアレントの思想の理解に議論を限定するという「防衛策」が講じられることが多い。例えばマーガレット・カノヴァンは次のように述べる。『全体主義の起源』は初版の出版以来激しい論争の的となってきた。たしかに全体主義についてのアレントの説明は、とりわけドイツやソ連についての歴史家からの批判に弱いところがある。しかしながら、政治理論の観点からはそのような反論にはあまり影響力はない。というのも、バークのフランス革命論やモンテスキューの英国国制論やトクヴィルのアメリカ論と同様に（彼らをみな彼女は非常に尊敬していた）、彼女は歴史を書くことよりも自分の生きた時代の政治的可能性と危険性についてのモデルを提示することの方に関心をもっていたからである。……言い換えれば、全体主義の支配を理解しようとするさいに重要なのは、ドイツやロシアですでに起こったことを明らかにすることだけではなく、近代の人間性の政治的苦境について警告を発することであった」(Margaret Canovan, *Hannah Arendt: A Reinterpretation of Her Political Thought*, Cambridge University Press, 1992, p. 61（カノヴァン『アレント政治思想の再解釈』八三頁。訳文は変更した））。だが「すでに起こったこと」についての正確な理解がなければ、アレントの「警告」の意味と射程をおしはかることはできないはずである。

8 Arendt, *Essays in Understanding, 1930-1954*, pp. 402-403（『アーレント政治思想集成2』二四五頁）。

9 例えばバーンスタイン（Richard Bernstein, "The Origins of Totalitarianism: Not History, but Politics", *Social Research*, Vol. 69, No. 2, Summer 2002, pp. 381-401）などはその典型である。

10 一九四六年九月二四日の書簡ではこう述べている。「私は厳密な意味での歴史叙述を避けました。なぜならこの連続性が正当化されるのは、著者が自分の主題としたことを残しておきたい、すなわち、未来の世代の関心と記憶に自分の主題を引き渡したいと望む場合だけだからです。この意味での歴史叙述は、つねに起こったことの最高度の正当化です」（ヤング＝ブルーエル『ハンナ・アーレント伝』二八三頁）。

11 『全体主義の起源』の初版は一九五一年の初めに出されているが（二月一五日にヤスパースは本書を受領している。『アーレント＝ヤスパース往復書簡1』一九〇頁）、その後もアレントは全体主義の分析と記述の方法について思索を続けている。「政治の限界現象である全体主義（根源悪）は、その原因を細かく丁寧に研究できる歴史を参照すればすむものではない。それゆえその起源（Origins）は年代を辿るだけでは明らかにならない」（一九五一年四月のノート。ハンナ・アーレント『思索日記Ⅰ 一九五〇―一九五三』青木隆嘉訳、法政大学出版局、二〇〇六年、九六頁）、「精神科学における方法。因果性はすべて忘れること。その代わりに、出来事の諸要素を分析すること。重要なのは、諸要素が急に結晶した出来事である。私の著書の表題は根本的に誤っている。『全体主義の諸要素（*The Elements of Totalitarianism*）』とすべきだった」（一九五一年六月のノート。同書、一三一頁）、「歴史の因果的考察が『自己原因』や究極目的が暗黙裏に排除されたにもかかわらずなぜ続いてきたのかという問いに、ニーチェはこう答えている。まさに出来事独特の真の性質である新しいもの、未知のものを避け、一切の未知の新しい要素を既知の原因の予測可能な結果に解消することによって古くから知られたものへと逃げ込むための手段なのだ」（一九五一年七月のノート。同書、一五〇―一五一頁）。こうした考察をふまえて一九五五年のドイツ語版の表題は『全体主義支配の諸要素と諸起源（*Elemente und Ursprünge totaler Herrschaft*）』となるが、「誤っている」という英語版表題の"Origins"が変更されることはなかったし、歴史的な事実経過における原因と結果という意味での因果関係が排除されているわけではない。ここではマックス・ウェーバーが問題にしたような個別的・歴史的因果帰属と経験的法則性・規則性の区別と関連はまだ検討されていない。

12　アレントの政治的思考をどう呼ぶか自体が一つの問題である。少なくとも「政治哲学」という呼称は、プラトンにはじまる西洋政治哲学から距離を置くアレントの思想の規定としては適切ではない。アレント自身、晩年の講義でこう述べている。「ホッブズは他のどんな政治哲学の著者よりも政治的なものに密接に関わったことが確実であるが（そしてマキアヴェッリもボーダンもモンテスキューも、哲学に関わったとは言えない）、そのホッブズでさえも『リヴァイアサン』を書いたのは政治の危険を回避し、人間としてできるだけ多く平和と静穏とを確保するためであった」（ハンナ・アーレント『カント政治哲学の講義』浜田義文監訳、法政大学出版局、一九八七年、二六頁）。ここでアレントは政治哲学者ホッブズではなく、マキアヴェリやモンテスキューの線上に自らを位置づけている。

13　ハンガリー革命についてのエピローグには次のような指摘がある。「出来事——社会的諸力や歴史的傾向でなく、質問票（questionnaires）や動機の探求でもなく、社会科学の武器庫の他のいかなる小道具でもなく——過去と現在の出来事こそが真実であり、政治学者（political scientist）の最も信頼できる教師なのである。それが政治に携わるものにとって最も信頼の置ける情報源であるのと同様にである」（2nd ed., p. 482）。

第一章

1　ハイデガーとの関係をめぐる諸論点については、川崎修「ハンナ・アレントはハイデガーをどう読んだか」（『ハンナ・アレントと現代思想——アレント論集II』岩波書店、二〇一〇年、第一章）に手際よくまとめられている。

2　Hannah Arendt, “A Way toward the Reconciliation of Peoples” (1942), in *The Jewish Writings*, edited by Jerome Kohn and Ron H. Feldman, Schocken Books, 2007, p. 259（ハンナ・アーレント『ユダヤ論集2』齋藤純一・山田正行・金慧・矢野久美子・大島かおり訳、みすず書房、二〇一三年、二七頁）。

3　ここでいう国民国家体制とは、個別の国民国家の体制だけでなく、主権国家としての国民国家によって構成される国際体系のことを指している。後に第二章で述べるように、アレントにとって国民国家の間の仲介者としてのユダヤ人の特殊な位置がユダヤ人問題の根本にある。

4 Hannah Arendt, "The Minority Question" (1940), in *The Jewish Writings*, p. 130; *Vor Antisemitismus ist man nur noch auf dem Monde sicher: Beiträge für die deutsch-jüdische Emigrantenzeitung "Aufbau" 1941-1945*, herausgegeben von Marie Luise Knott, Piper, 2000, S. 231（ハンナ・アーレント『ユダヤ論集1』山田正行・大島かおり・佐藤紀子・矢野久美子訳、みすず書房、二〇一三年、一八三頁）。

5 Arendt, "A Way toward the Reconciliation of Peoples", p. 263（アーレント『ユダヤ論集2』三三頁）。

6 Ibid., p. 261（同書、三一頁）。

7 Hannah Arendt, "The Jewish Army: The Beginning of Jewish Politics?" (November 14, 1941), in *The Jewish Writings*, p. 138; *Vor Antisemitismus ist man nur noch auf dem Monde sicher*, S. 22（アーレント『ユダヤ論集1』一九七―一九八頁）。

8 Hannah Arendt, "Days of Change" (July 28, 1944), in *The Jewish Writings*, pp. 215-216; "Die Tage der Wandlung", in *Vor Antisemitismus ist man nur noch auf dem Monde sicher*, S. 151-154（アーレント『ユダヤ論集1』三一一―三一五頁）。

9 Hannah Arendt, "Guests from No-Man's-Land" (June 30, 1944), in *The Jewish Writings*, p. 212（アーレント『ユダヤ論集1』三〇七―三〇八頁）。なお、本論説は *Vor Antisemitismus ist man nur noch auf dem Monde sicher* には所収されていない。

10 Hannah Arendt, "Jewish Chances: Sparse Prospects, Divided Representation" (April 20, 1945), in *The Jewish Writings*, p. 238（アーレント『ユダヤ論集1』三四四頁）。

11 Hannah Arendt, "The Return of Russian Jewry II" (September 11, 1942), in *The Jewish Writings*, p. 174; "Die Rückkehr des russischen Judentums", in *Vor Antisemitismus ist man nur noch auf dem Monde sicher*, S. 87（アーレント『ユダヤ論集1』二五五頁）。この論説「ロシア・ユダヤ人の帰還」は、ロシア革命以後二五年間の沈黙を破ってロシア

のユダヤ人がヒトラーとファシズムに対する闘争における「世界ユダヤ人」の団結を訴えて、民主主義国で生活しているユダヤ人に赤軍からの五〇〇台の戦車と一〇〇〇機の航空機を提供したことを受けて書かれた。

12 Hannah Arendt, "The Crisis of Zionism" (February 1943), in *The Jewish Writings*, p. 335（アーレント『ユダヤ論集2』一三六頁）。

13 Hannah Arendt, "Ceterum Censeo..." (December 26, 1941), in *The Jewish Writings*, p. 143; *Vor Antisemitismus ist man nur noch auf dem Monde sicher*, S. 32（アーレント『ユダヤ論集1』二〇六頁）。

14 アレントのこうした見解は、シオニズム批判の立場を鮮明にしたといわれる一九四四年の論考「シオニズム再考」においても変わっていない（Hannah Arendt, "Zionism Reconsidered" (1944), in *The Jewish Writings*, p. 373; "Der Zionismus aus heutiger Sicht", in *Die verborgene Tradition*, Suhrkamp, 1976, S. 182（アーレント『ユダヤ論集2』一八九―一九〇頁））。

15 以下、パレスチナ情勢をめぐっては、Michael J. Cohen, *Palestine and the Great Powers, 1945-1948*, Princeton University Press, 1982; 臼杵陽『イスラエル』岩波新書、二〇〇九年、竹中千春「大英帝国の解体――パレスティナ問題、一九四五―一九四七年」、犬童一男・山口定・馬場康雄・高橋進編『戦後デモクラシーの成立』岩波書店、一九八八年、二五六―二五八頁を参照。

16 一〇万人という数字が出されたのは一九四四年一一月にシオニズムの指導者ヴァイツマン（一八七四―一九五二年）がチャーチルと行った会見が最初だという。ヴァイツマンは一九四五年一二月のトルーマンとの会談でもこの要求を繰り返した。ただし、一九四五―四六年にユダヤ人地下組織は数万人を西方に移動させ、一九四六年半ばにはドイツとオーストリアの難民キャンプには二五万人以上が収容されており、一〇万人という数字はユダヤ人機関にとって十分な要求とは言い難いものになっていた。ちなみに移民制限を緩和した場合に大量のユダヤ人が移住する際に予想される混乱を収拾するためには四〇万の兵力が必要だとアメリカ陸軍省は見積もっていた

(Cohen, *Palestine and the Great Powers, 1945-1948*, pp. 55-57)。

17 賛否の内訳は、賛成がアメリカ、ベルギー、フランス、オランダ、スウェーデン、デンマークなど西欧八ヵ国、オーストラリア、ニュージーランド、カナダ、南アフリカの英連邦諸国、ブラジル、ニカラグア、ペルー、パナマ、ハイチなど中南米一三ヵ国、ソ連、チェコスロヴァキア、ポーランドなど東欧五ヵ国、リベリア、フィリピン、反対はインド、パキスタン、アフガニスタン、イラン、イラク、レバノン、サウジアラビア、シリア、イエメン、エジプト、ギリシア、トルコ、キューバ、棄権は英、中国、エチオピア、アルゼンチン、チリ、コロンビアなど南米六ヵ国、ユーゴスラヴィアである。一一月二五日の投票では棄権していた一七ヵ国のうち七ヵ国がアメリカのロビー活動により賛成にまわったことは、多くの国が国連分割案をアメリカの提案と見るという結果をもたらすことになった（Cohen, *Palestine and the Great Powers, 1945-1948*, pp. 292-300)。

18 Hannah Arendt, “To Save the Jewish Homeland” (1948), in *The Jewish Writings*, pp. 396-397（アーレント『ユダヤ論集2』二二二頁)。

第二章

1 アレントの場合に、ヨーロッパの国民国家の本格的形成——階級を基盤とする国民国家とその均衡の体系の形成——はフランス革命を起点として考えられている。一八七〇年代にイタリアとドイツの統一によってひとまず完成される国民国家の均衡体系と各国の諸類型——イギリス、フランス、ドイツから東欧・中欧の「国民」と「民族」の諸類型——の対比は、一八八〇年代からはじまる「帝国主義」の本格的展開による国民国家の解体・変容とあわせて、以後第一部ならびに第二部の論述の歴史的背景として押さえておく必要がある。

2 “nation” の訳語には主に「国民」、文脈によって「民族」を当てたが、たとえば “nationality” も国籍を意味する場合があるように、“state” とほぼ等しい意味で用いられる場合がある。“people” についても同様に民族を指す場合と、民衆・人民を指す場合を文脈に応じて使い分けている。

3　ロスチャイルド家による金融支配についてはアレントの記述の他、中木康夫『ロスチャイルド家――世界を動かした金融王国』誠文堂新光社、一九八〇年を参照。アレントは、フランス革命とナポレオン戦争後のウィーン会議がユダヤ人の外交的援助なしに行われた最後の講和だとしている（p. 21）。

4　「ヴェルサイユの講和条約はユダヤ人が助言者として顕著な役割を果たした最後の講和であった」（p. 21）。ここで言われている講和は一九一九年のそれではなく一八七一年のヴェルサイユの講和である。

5　アレントは指摘していないが、二度目のヴェルサイユの講和である第一次世界大戦の講和の際には、ドイツ側顧問としてマックス・ヴァールブルク（一八六七―一九四六年）が関わっている。ヴァールブルクはロスチャイルド家に次ぐユダヤ人財閥で――ロンドンとパリに兄弟を配置していたロスチャイルド家とは異なり――アメリカ合衆国でポールとフェーリクスの二人の兄弟が活動していた。その意味では講和交渉におけるユダヤ人財政顧問としての最後の役割を担おうとしていたということができるだろう（ドイツ側の意図もそこにあった）。総力戦としての第一次世界大戦とその講和（ならびに戦争賠償）の考え方の転換は、仲介者としてのユダヤ人の役割をも大きく制約したのである（牧野雅彦『ヴェルサイユ条約――マックス・ウェーバーとドイツの講和』中公新書、二〇〇九年）。なお、第一次大戦後には――ヨーロッパのロスチャイルド家に取って代わるように――モルガンを中心とするアメリカの国際金融資本が国際協調体制において重要な役割を果たすことになる（三谷太一郎『ウォール・ストリートと極東――政治における国際金融資本』東京大学出版会、二〇〇九年）。

6　「民族混合ベルト地帯（the belt of mixed populations）」という表現はアレントが第二部第九章で参照する C. A. Macartney, *National Minorities* (Oxford University Press, 1934), *National States and* Russell & Russell, 1968, pp. 140, 294 で用いられている。

7　ルーマニアは伝統的に反ユダヤ主義の根強い国である。四世紀にわたるオスマン支配の後ドナウの諸州は一八二八年にロシアの支配下に置かれるが、ユダヤ人はすでにオスマン支配の時期に人口の約一〇

%、モルダヴィアの首都ヤシ（Iaşi）の人口のほぼ半数を占めていた。クリミア戦争敗北の後ワラキアとモルダヴィアの議会は同一の体制を確立して（一八五八年）、翌年に単一の統治者クザ（一八二〇—七三年）を選出し「統一公国」が成立する。クザ統治下の一八五九—六六年は統一公国の短い黄金時代とされ、一定のカテゴリーの者に自治体選挙に参加する権利を与える（一八六四年の市民法典）などルーマニア・ユダヤ人の状況に若干の改善がみられたが、他方でユダヤ人に対する暴力もエスカレートしている。急進派と保守派によるクーデタによるクザ退位後、ドイツのホーエンツォレルン＝ジグマリンゲン家からカロル一世（一八三九—一九一四年）が即位して新憲法が起草されるが、ユダヤ人の解放への請願に反して、巻き起こったのは反ユダヤ主義的デモの勃発であった。ブカレストのシナゴーグが襲撃され、「ルーマニアをユダヤ人に売るな」というキャンペーンはカロルの穏健な政策に対する議会の反対に拍車を掛けることになった。一八六六年のルーマニア憲法第七条は外国のユダヤ人が市民となる道を全く閉ざすだけでなく、地元のユダヤ人も市民権や市民的保護を削減することでその地位を劣悪化させた。以後一〇年間ルーマニアのユダヤ人は「冷たいポグロム」、法や布告による制限・資格剝奪や脅迫の体系的な標的にされる。ビスマルクとディズレイリに主導された一八七八年のベルリン会議はセルビア、モンテネグロ、ルーマニアの完全独立を承認し、ブルガリアの自治を認め、そこで締結されたベルリン条約（列強七ヵ国により一八七八年七月一三日調印）は、第二部第九章で問題となる第一次大戦後のマイノリティ保護条約の原型となるが、その主要対象はルーマニアのユダヤ人であった（Carole Fink, *Defending the Rights of Others: The Great Powers, the Jews, and International Minority Protection, 1878-1938*, Cambridge University Press, 2004, pp. 12-13, 28-29）。アレントは『イエルサレムのアイヒマン』（一九六三年）でもルーマニアは「最も反ユダヤ人的な国」であったと指摘している（『イェルサレムのアイヒマン——悪の陳腐さについての報告』大久保和郎訳、みすず書房、一九六九年、一四八—一五〇頁）。

8　下層中産階級を共鳴板とする反ユダヤ主義、そして

第二部の大陸帝国主義と種族的ナショナリズムの検討に際して、アレントは大陸諸国、ドイツ、オーストリア、そしてフランスを対比して、そこでの社会的・経済的状況ならびに政治的条件の相違に留意しながら議論を進めている。なおドイツ語版（邦訳）では第二節と第三節が合体している。

9　アレントも指摘しているように、フランスは基本的にはヨーロッパ大陸における古典的な国民国家であり、ユダヤ人問題はドイツとの確執との関連でしか争点にならなかった。クレマンソーに代表される対独復讐論者は海外植民地や帝国主義政策にはむしろ消極的であり、ビスマルクはフランスの対独復讐熱を逸らすためにむしろフランスの対外進出を嗾したといわれる所以である。その意味において、フランスでは帝国主義政策との関連でユダヤ人の問題が浮上することには——アルジェリアにおける現地のアラブ人とユダヤ人との葛藤などの要素が存在するにもかかわらず——ならなかった、というのである(p. 50)。

10　ここでの問題の焦点は、社会的差別と裏返しのユダヤ人に対する特異な評価と社交界への受容が、ユダヤ人に対する政治的な攻撃へと反転する条件は何かであって、ユダヤ人差別そのものではない。同性愛者や犯罪者と同列の例外的人間としてユダヤ人を見る差別と偏見は、ユダヤ人自身にとってアイデンティティをめぐる困難をもたらすとしても、ただちに彼らの政治的な排除や攻撃を必然的にもたらすものではない——もちろんこれは同性愛者などに対する差別についても同様である。ということは、社会的な差別それ自体を批判しても、それが政治的に結晶化する条件を理解しない限り、政治の場での発現を阻止することはできないということでもある。アレントにおける「政治的なるもの」と「社会」の区別もそうした観点からなされているのであって、もっぱら社会的な差別の文脈でアレントの議論を理解したり、そうした観点からアレントを批判するのは的を失している。

11　裕福なユダヤ人商人の家に生まれながら、その知性と能力によって社会＝社交界で成功を収めることになったラーエル・ファルンハーゲンは二重の意味での例外ということができるだろう。

12　「ディズレイリはしかしながらイギリス人社会の部

外者であったばかりでなく、ユダヤ人社会の部外者でもあった。彼はユダヤ人銀行家たちを大いに賞讃していたけれども、彼らのメンタリティについてはほとんど知らなかった。これらの『例外ユダヤ人』たちはブルジョア社会から排除されている（受け容れてもらおうとしたこともない）けれども、所有と利潤の保護を主要な目標として活動するという政治原理をブルジョア社会と共有していることにディズレイリが気づいたなら失望したことだろう」。もとよりそのことはディズレイリがユダヤ人銀行家を利用するのを妨げるものではなかった。スエズ運河会社の株式取得の際にはロンドンのライオネル・ロスチャイルド（一八〇八—七九年）から四〇〇万スターリングの貸付を受けている（p. 78）。ディズレイリは国民国家のパートナーとしてのユダヤ銀行・ロスチャイルドと協力していたのである。

13 イギリスはディズレイリの下で一八七五年にスエズ運河会社株式を取得、一八七六年四月には国王称号法でヴィクトリア女王に「インド女帝」称号を与え、一八七七年一月に女帝宣言が行われて「インド帝国」が成立する（秋田茂『イギリス帝国の歴史——アジアから考える』中公新書、二〇一二年、一一六—一一七頁）。ディズレイリのこうした帝国政策は、第二部で論じられる本格的な「帝国主義」の前段階である。ディズレイリのユダヤ人理解の内に伏在していた「人種」観念もいわば「前帝国主義」段階にとどまった。人種概念に新たな政治的意味が付与されるのはディズレイリの死後「アフリカ争奪戦」の開始後である。

14 アレントはドイツ語版でフランス市民社会の特徴をこう述べている。第三共和政における市民階級の政治的勝利は貴族の特権に終止符を打つことになった結果、市民階級は自らに対する強い自信から、イギリスのジェントリー層やプロイセンのユンカーよりも民衆と距離を置くようになる。特権を奪われ文化的欲望を失った貴族は極端なスノビズムをもって一切のブルジョア的価値を侮蔑した。プルーストと彼の描く登場人物はそうしたフランス社交界を映し出すものである、と（S. 138／(1)一五五—一五六頁）。

15 一九世紀国民国家の典型としてのフランスと、ドイツ・オーストリアなど——第二部で「大陸帝国主義」あるいは「種族的ナショナリズム」と類型化される——諸国との比較の中に位置づけないと、第一部の終章にドレフュス事件が置かれていることの意味は十分に明らかにならない。

16　パナマ疑獄事件の際にはクレマンソーもエルツとのつながりを疑われて攻撃されている。

17　ユダヤ人銀行家に対するカトリック投資銀行の挑戦と敗北を描いたゾラの『金』（一八九一年）（『ゾラ・セレクション7』野村正人訳、藤原書店、二〇〇三年）はユニオン・ジェネラル銀行の破産スキャンダルをモデルにしている。

18　多くの人々にとっては宗教的な相対主義への反対が問題ではなく、混乱からの逃げ場が求められていたことは、この時期に教会に対する最も強力な支持者が、本来の現世を超えた信仰を持たずにあらゆる権威主義的制度を支持するいわゆる「信仰なきカトリック」、ドリュモンからシャルル・モーラスに至る潮流であったことにも示されている（pp. 101-102／(1)一九四頁)。

19　この問題をアレントは後に『革命について』（一九六三年）であらためて検討することになる。

第三章

1　帝国主義の時代区分はホブソンの『帝国主義論』に依拠している（J. A. Hobson, *Imperialism: A Study* (James Nisbet, 1902), 3rd entirely revised and reset ed., George Allen & Unwin, 1938, pp. 23-27（ホブスン『帝国主義論』上、矢内原忠雄訳、岩波文庫、一九五一年、六九—七三頁)）。ホブソンの『帝国主義論』は一八八〇年代半ば以降にはじまる本格的な帝国主義の原動力を過剰資本とその輸出に求め——この点で以後のヒルファディング『金融資本論』（一九一〇年）、ローザ・ルクセンブルク『資本蓄積論』（一九一三年）、レーニン『帝国主義論』（一九一六年）などマルクス主義系統の帝国主義論の先駆けとなる——、いわゆる「劣等人種」の厖大な人口を有する熱帯、亜熱帯地域にその支配地域を拡大する「新帝国主義」の、旧来までの植民地建設とは異なる特質に注目した。「近代のイギリス植民主義は、わが国の物質的ならびに精神的資源を奪い出すものではなかった。なぜならば、それは自由な白人の民主主義の建設、非公式の連邦、地方分権の政策に進んだものであって、イギリスの統治能力にさほどの負担をかけなかったからである」、「帝国主義はこの自由で健全な植民地結合と正反対をなすものであって、常に事実の示すごとく、対外政策の一層甚だしい複雑化、権力の一層甚だしい中央集権化、ならびに議会政治の能力を絶えず吸収しかつ過重な負担をこれに課する恐れあるところの事務の輻輳を、助長するものである」(Ibid., p. 125(『帝国主義論』下、矢内原忠雄訳、岩波文庫、一九五二年、二一―二二頁))。したがってホブソンによれば、帝国主義の進展、すなわち自由な白人の入植地ではなく「劣等人種」の地域における植民地支配の拡大は、対外政策における権力の集中を生むばかりか、本国の政治に対しても深刻な反作用を及ぼすことになる。劣等人種に対して行使される専制支配は、それに携わる者たちの精神を堕落させることによって、イギリス本国の民主政治にも深刻な反作用をもたらすだろう。まさに「自由のないわが帝国において獲得され行使された専制政治の技術と術策が、本国内においてわれわれの自由に立ち向かうのは実際、帝国主義の報復(ネメシス)」なのである(Ibid., pp. 150-151(同書、五一―五二頁))。こうしたホブソンの問題提起を受けて、アレントは帝国主義がヨーロッパにもたらす「ブーメラン効果」を明らかにしようとしたのである。なお、ホブソン、ローザ・ルクセンブルクとアレントとの関係を論じたものとして、川崎修『ハンナ・アレントと現代思想』第三章「帝国主義と全体主義」がある。

2 「帝国主義は資本主義の最後の段階というよりもブルジョアジーの政治的支配の最初の段階と考えられるべきである」というアレントの指摘も重点は「最初の段階」と「最後の段階」の対比にではなく、帝国主義は「資本主義経済」の発展段階の一つではなくブルジョアジーの「政治的支配」であるという点にあると考えるべきだろう(p. 138/(2)一八頁)。アレントがローザ・ルクセンブルクの『資本蓄積論』を高く評価しつつも、基本的に政治的な観点からこれを読むべきだとしているのもそうした理由に基づいている。

3 帝国主義の論理的表現として、マルクス主義流の資本の無限蓄積の論理ではなくホッブズのそれを引き合いに出しているのもアレントの政治的な帝国主義理解に基づいている。ただし、アレントにとってホッブズのそうした論理は真の政治原理を提示するものではない。「しかしながら、所有そのものは使用と消費に服し、それゆえにコンスタントに消滅する。最もラディカルで唯一確実な保有の形態は破壊である。というのもわれわれが破壊したもののみが安全で永遠にわれわれのものだからである。消費せずに手持ちの所有を拡大しようとする所有者が見出すまさに不都合な限界は、人間は死なければならないという不幸な事実である。死は、所有と獲得が真の政治原理とはならない本当の理由である。本質的に所有に基礎を置く社会システムが向かうのはあらゆる所有の最終的な破壊にほかならない」（p. 145)。アレントのホッブズ理解はかなり独特のものであり、政治思想史の観点からは――また西欧政治思想についてのアレント自身の理解の上でも――なお検討の余地が残されている。

4　ただし、世界貨幣としての金の産出は南アフリカをたんなる「余計者の土地」にはしなかった。イギリスは国際通貨ポンドの地位を維持するためにも南アフリカを統制下に置く必要があった。「一八九七年に（蔵相）ゴーシェンの私設秘書官からケープ総督およびイギリス高等弁務官に任命されたサー・アルフレッド・ミルナーも、これを肝に銘じていたと思われる。すなわち、彼の最も重要な使命の一つは、イギリスの通貨スターリングがロンドン金融市場で最高位の国際通貨であり続けることに貢献することであった。こうして、トランスヴァールで産出された金が、二週に一度の定期船でイギリスに送られるようになった。／当時のイギリスの有力政治家たちは、公の場でも個人的な会合でも、イギリスの方針は金産出地を支配することであるなどとは決して口にしなかった。その代わりに、南アフリカにおけるイギリス統治を維持しなければならない、という言い方をした。彼らの考えによれば、金産出地を武力で奪うなどという野蛮な手段を用いるべきではなく、間接的な影響力の行使という洗練された手段によって目的を達成しなければならなかったからである。また、金の安定供給のためには、産出地トランスバールの環境を改善すると同時に、産出された金が絶対に他国、とくにドイツに送られないことが最も重要であった」(Robert Ross, *A Concise History of South Africa* (Cambridge University Press, 1999),

2nd ed., 2008, p. 71（ロバート・ロス『南アフリカの歴史』石鎚優訳、創土社、二〇〇九年、八一頁））。

5 ドイツ語版では“tribal”に人種的な意味合いをもつ民族主義を示す“völkisch”の語が当てられている。したがって大陸ヨーロッパのナショナリズムを形容する場合には「種族的」という邦訳の訳語に従ったが、第七章のアフリカの文脈では伝統的ないし未開の（多くの場合には血縁的な紐帯に基づく）社会組織との関連を意識して「部族」の語を用いることにする。英語では両者が意識的に関連させられていることに注意する必要がある。

6 訳文は、『フランス革命の省察』半澤孝麿訳、『エドマンド・バーク著作集』第三巻、みすず書房、一九七八年、四三頁を参考にした。

7 イギリスにおける人種多元主義からダーウィニズムにいたる自然主義的人種理論の展開と受容をアレントはこう描いている。人種の多元的な起源を主張する人種多元主義はインドの植民地統治の経験に適合的であったが、人種のヒエラルヒーを主張するダーウィニズムに取って代わられる。支配階級の絶対的安定性が揺らぎ始めると人種間闘争における「適者生存」というダーウィニズムの理論は――フランスにおいてブーランヴィリエの支配民族理論がゴビノーの支配人種へと転換されたのと同様の――転換を求められる。この要請に応えたのが優生学であった（pp. 177-179／(2)九一―九四頁）。

8 コンラッドの原文は「死と貿易の陽気な舞踏（the merry dance of death and trade）」。『闇の奥』（改版）、中野好夫訳、岩波文庫、二〇一〇年、二八頁／黒原敏行訳、光文社古典新訳文庫、二〇〇九年、三七頁。

9 アレントは南アフリカについての情報のかなりの部分をデ・キーウィト『南アフリカ史』（C. W. de Kiewiet, *A History of South Africa: Social & Economic*, Oxford University Press, 1941）に依拠しているが、デ・キーウィトとアレントの間には若干のニュアンスの違い、強調点のズレがあるように思われる。デ・キーウィトはこう書いている。「移動するブーア人（Trekboers）の遊牧民的慣習は彼らが劣悪な農業者であって集約的農業の厳しい生活に適用することもその意欲もないということを証明するものではない。あまりにしばしば彼らの不器用で怠惰な慣習は非難されてきたが、平明な真実は、よき農業者となっても何の成果もないということである。というのも一八世紀の南アフリカではどんなに勤勉で創意工夫に富んでいたとしてもあまり報われることはないからである。彼らの発展は南アフリカの条件への適応に成功したことを物語るものであって、不成功ではない。彼らの移動は経済生活の単純な法則に従った結果なのである」(Ibid., pp. 12-13(C・W・デ・キーウィト『南アフリカ社会経済史』野口建彦・野口知彦訳、文眞堂、二〇一〇年、一三頁。ただし訳文は大幅に変更した))、「ブーア人は新たな社会を建設するためや新たな富を獲得するために内陸に移動したのではない。彼らの社会は反逆的であったが、革命的ではなかった。土地利用や社会実践における根本的な革新は彼らの心の中には容易に出てこなかった。彼らは産業革命にもかかわらずに移動したのであり、それが到達するまでに去っていったのである。ある意味においてはグレート・トレックはより物質的で、より活動的で、より組織された後継者を前にしての一八世紀の逃避行なのであった」(Ibid., p. 58(同書、六一—六二頁))。「大移動」の末にトランスヴァール共和国とオレンジ自由国を建設し、ブーア戦争敗北後には南アフリカ連邦を担っていくオランダ系(一部フランスのユグノー)移民の末裔としてのブーア人は、いわば一九世紀の産業化に背を向けて父祖たちの慣習と信仰を頑固に守り通したのであった。ある意味では北アメリカへの入植と合衆国の建設とも類比しうる彼らの「大移動」と共和国建設の側面に——デ・キーウィトは「大移動」をオーストラリアやカナダでの植民やアメリカのモルモン教徒の移動と対比している——アレントはほとんど触れていない。さらにアレントも指摘しているシャカ(チャカ)王統治下のズールー族の軍事的集中(p. 192/⑵二一—二三頁)は土地や水を求めて行われる部族間の競争の「結果であり原因ではない」(de Kiewiet, *A History of South Africa*, p. 50(デ・キーウィト『南アフリカ社会経済史』五二頁))。その意味では黒人部族も一切の文化を欠如した存在ではない。彼ら自身がもっていたはずの文化とその記憶の解体はヨーロッパ人との接触の結果なのである。鈴木正四『セシル・ローズと南アフリカ』誠文堂新光社、一九八〇年も参照。

10 訳文は、黒原敏行訳（光文社古典新訳文庫、九〇—九一頁）を参照した。

11 ベン・マッキンタイアー『エリーザベト・ニーチェ——ニーチェをナチに売り渡した女』藤川芳朗訳、白水社、一九九四年。ただし、注9で述べたように、「有史以前に退化」した部族というアレントの議論がブーア人の実像に当てはまるかどうかはなお検討の余地がある。

12 黒人に対する差別がいわば自然的外貌に基づく「無意識」のものであるのに対して、アジア人に対するそれは「意識的」であるだけに罪深いというアレントの議論には、そもそも黒人に対する「無意識」の差別がどうして「自然」に見えるのか、アジア人に対する視線はどうしてそうではないのかという問題が残されているように思われる。アレントはその後アメリカ合衆国における「黒人」の問題に向き合うことになるが、それとともに深刻化するベトナム戦争をめぐっての発言を見ても、ベトナムや中国など、東アジア、東南アジア、総じて——パレスチナの地で相対立するアラブ系諸民族など中東・近東を別にすれば——アジアへの関心は相対的に希薄であるように思われる。

13 ヒトラーは政治的な組織形態として「人種」概念を利用していたのだが、同様の構想をもっていたナチの文筆家たちの多くはアフリカ出身の在外ドイツ人であったとアレントはドイツ語版で指摘している（S. 321／(2)一二一頁）。ただし、ここでアレントが参照指示している Theodore Abel, *Why Hitler Came into Power: An Answer Based on the Original Life Stories of Six Hundred of His Followers*, Prentice-Hall, 1938, pp. 312-315 の巻末資料で示されているナチ党員六〇〇名のうち国外出身者は一四名（二％）であり、ナチの文筆家の多くがアフリカ植民地出身者あるいは植民地経験をもつという記述は見あたらない。なお第一次大戦の従軍経験については、彼らのうち二九三名（四九％）が経験無し、七六名（一三％）が志願兵、二三一名（三八％）が徴兵、戦後の軍隊経験については四九一名（八二％）が無しとなっている。

14 秋田茂『イギリス帝国の歴史』一〇七—一〇八頁、

15 浜渦哲雄『英国紳士の植民地統治――インド高等文官への道』中公新書、一九九一年、八三頁以下。もとよりイギリス帝国主義の清算も簡単だったわけではない。「自然のままに成立」した南アフリカの「人種主義」支配はその後も存続していた。ブーア戦争の敗北によってブーア人の二つの共和国（トランスヴァール共和国とオレンジ自由国）は最終的に南アフリカ連邦に統合されるが、ブーア人（アフリカーナー）はそこで政治的な指導権を握り続けた。第二次世界大戦中にはアフリカーナーの民族主義者たちはナチスをモデルとする戦闘集団を組織して、南アフリカの連合軍への戦争協力に反対した。第二次大戦後も「アパルトヘイト」を掲げる国民党政権の下で一九四九年の「人種間通婚禁止法」、一九五〇年の「人口登録法」、「背徳法」に始まる一連の人種隔離政策は、六〇年代の激しい抵抗運動にもかかわらず存続し、アレント存命中まで堅持されている（ロス『南アフリカの歴史』第四、五章、レナード・トンプソン『南アフリカの歴史［最新版］』宮本正興・吉國恒雄・峯陽一・鶴見直城訳、明石書店、二〇〇九年、第六章）。

16 帝政ロシアからソビエト・ロシアに引き継がれるその支配地域は厳密には中・東欧の「民族混合ベルト地帯」からはみだしているが、中欧の「民族混合ベルト地帯」と高度に類似した特性を帯びているという点についてはすでにマッカートニーが指摘している（Macartney, *National States and National Minorities*, p. 263）。

17 人間の平等についての聖書とユダヤ・キリスト教の考え方に関するアレントのここでの論述はややわかりにくいので、簡単に整理しておこう。聖書には人間の起源について二種類の記述――神が最初に創ったのは「一人の男と一人の女」（『創世記』第一章第二七節）である男女二人の人間であるという記述と、神は最初の人間アダム（男）を創り、そこからイブ（女）が生まれたというもう一つの記述――があり（Hannah Arendt, *The Human Condition*, The University of Chicago Press, 1958, p. 8（ハンナ・アレント『人間の条件』志水速雄訳、ちくま学芸文庫、一九九四年、二〇頁ならびに三七―三八頁、原注1））、アレントは前者の記述の方を重視しているのだが、いずれにせよ人間が出産と繁栄によって増えていき、複数の人間集団に分かれるのは自然な経緯と原因による。したがってキリスト教と聖書の伝統によれば人間は「自然的には不平等」なのであり、目ざされるべき平等は権利の平等——もちろんその背後には神の創造に基づく形而上学的な起源の平等がある——だということになる。このようにキリスト教の伝統の基本を政治的な権利の平等に求めるアレントの理解の背後には、（パウロ以降に本格的に教義として形成されるキリスト教ではなく）ナザレのイエスの初発の教えのうちに政治的性格を見ようとする彼女の独特のキリスト教とキリスト理解がある。

18 アレントは『城』や『審判』などに代表されるカフカの小説が、官僚制の「偶然の支配」を、その要素が完全に展開されていないオーストリア＝ハンガリー帝国で予見していたと指摘している（pp. 245-246／(2)二〇二―二〇四頁）。

19 ただしドイツでも本格的な大衆運動が成立するのは、第一次大戦が始まってからであり、しかも最高統帥部という軍部を介してはじめて政治的影響力を獲得する（p. 251／(2)二一一頁）。

20 この問題は政治学などでは、いわゆる名望家政党から大衆・組織政党への転換の問題として論じられている事態にほぼ対応する。一九世紀末から二〇世紀初頭にかけて、既存の名望家を中心とした政党の組織から、大衆を基盤とする組織政党への転換を各国の政党は問われることになった。その時期や転換の諸相は国によって異なる。とりわけ第一次大戦後は、まさにアレントのいう意味で、既存の政党組織と政党システムが大きな変容を迫られた時期であった。ナチスがとりわけ支持基盤として拡大したのがプロテスタント系の新旧中間階級であり、それらを基盤としていた自由主義諸政党、民主党やドイツ人民党の党勢の衰退と軌を一にしていることはよく指摘される。

21 大衆を組織する「運動」の方法については第三部で扱われるが、両者の関係について、アレント自身が本格的な検討を試みるのは『革命について』など、以後の著作になる。

22 大陸の特徴である人民の政府からの疎外は、フランスその他の民主主義国と、ドイツ・中欧とではその現れ方が異なっているとアレントは述べている。政党連合によって支配されたフランスでは、第三共和政以降本当の意味での統治（government）は不可能になった。政府は議会と世論のめまぐるしく変わるムードの発露の場にすぎないものとなる。これに対してドイツでは国家が諸政党を超えて統治する。政党指導者は入閣した時点で党に対する忠誠を放棄して公務に専心せねばならない。ドイツでは議会は対立する利害と意見の闘争場にすぎない。「フランスでは政党が政府を窒息させ、ドイツでは国家が政党を去勢する」のである（p. 256／(2)二一八―二一九頁）。

23 アレントによれば、ドイツにおいてそうした政党システムの解体が明白になったのは、ナチス政権掌握前の一九三二年の大統領選挙であった。そこでは前回の選挙で右翼諸派から担ぎ出されて当選したヒンデンブルクが今度はヒトラー阻止の対抗馬として、共和派からの支持を受けることになる。

24 もちろん民族自決原則が完全に適用されたわけではない。ウィルソンの一四箇条とパリ講和会議については、牧野雅彦『ヴェルサイユ条約』を参照。

25 一九一九年六月二八日ポーランドと連合国との間で締結された条約の第二条では、ポーランドに「すべての住民の生命と自由の全面的かつ完全な保護を……出生、民族（nationality）、言語、人種、宗教の区別なく」保障することが義務づけられる。同様の条項は、チェコスロヴァキア（一九一九年九月一〇日）、ユーゴスラヴィア（同年一二月五日）、ルーマニア（同年一二月九日）、ギリシア（一九二〇年八月一〇日）が調印した諸条約と、オーストリア（一九一九年九月一〇日）、ブルガリア（同年一一月二七日）、ハンガリー（一九二〇年六月四日）との講和条約に挿入された。もとよりこれらの保護規定は実効的な強制規定をもたなかった（Fink, *Defending the Rights of Others*, pp. 257-258, 268）。

26 マイノリティ保護条約を補完するという観点から、国際連盟とその理事会による少数者保護の具体化の試みがなされる。一九二〇年一〇月ブリュッセルでの会合で連盟理事会は事務局の提案した改革案を採択した。これは第一に、マイノリティの請願を受諾し配布する正式の手続きを確定し、第二に、事務局によって受諾可能と見なされたすべての請願は、理事会構成員から選ばれた三人委員会によって審査され、当該案件がマイノリティ条約の違反に当たるか否か、理事会に報告されるべき案件か否かが決定される。ただしこれはアレントが述べているように実質的には請願をブロックするシステムであった（Fink, *Defending the Rights of Others*, pp. 276-277; Macartney, *National States and National Minorities*, pp. 324-325）。

27 ドイツ語版の注にはフランスの外相ブリアンの発言「われわれが狙いとする発展過程は直ちに少数民族の消滅ではないとしても、その同化の方向を指している」とイギリスの外相チェンバレンの発言「少数民族条約の目標は……少数民族が自らの属する国の国民的共同体の中に溶け込むべく徐々に準備を整えさせるための保護と法的規制を確立することである」が紹介されている（S. 440, Anm. 9／(2)二四五頁、注九）。出典は Macartney, *National States and National Minorities*, pp. 276ff.

28 Vgl. *Sitzungsbericht der ersten Konferenz des Kongresses der organisierten national Gruppen in den Staaten Europas in Jahre 1925 zu Genf*, Geneca: No publisher, n. d. フィンクもまた連盟に対する最も直接的な挑戦だと述べている（Fink, *Defending the Rights of Others*, p. 282）。

29 マイノリティ諸条約の形成過程にユダヤ人たちは大きな影響を与えた（Macartney, *National States and National Minorities*, p. 281; Fink, *Defending the Rights of Others*, Chaps. 7-8）。

30 “repatriation” は通常は「本国送還」の意味で用いられるが、ここではいずれかの国や地域へ定着・定住することを意味している。

31 シオニズムはユダヤ人が他の民族と同様の故国、母国を獲得することでユダヤ人の特殊なマイノリティ的存在を解消しようとするものであった。とりわけ東方からポグロムを避けて流れてくる「東方ユダヤ人」にシオニズムへの志向が強く見られるのもそうした事情からである。両大戦間期のユダヤ人においては、国際連盟と再編・再建されたヨーロッパ国民国家体系の枠内でユダヤ人の保護と権利の保障を求めようとする——多くはすでに西欧諸国に同化していた——西欧のユダヤ人の志向と、東方ユダヤ人を中心とするシオニズムの流れが共存し、連繫していた。

32　すでに第一章で紹介したように、英語版第二版はこの引用の後段部分でパレスチナという新たな無国籍者・難民問題との関連を指摘している。

33　Arendt, “Guests from No-Man’s-Land”, p. 212（アーレント『ユダヤ論集1』三〇七―三〇八頁）。

第四章

1　アレントの用語法では、マスはモッブと対比され、政治的無関心、共通の利益を持たない未組織の大量の人間の集積を指している。その点で「大衆」という言葉に今日込められているさまざまな意味合い、ニュアンスからは切り離して理解する必要がある。訳語の上でも「モッブ」と同様「マス」とすることも考えたが、カタカナでは意味がかえって解りにくくなることも考慮して「大衆」という慣用の訳語に従った。

2　帝政ロシアの社会構成、ボリシェヴィキ革命からスターリン体制の確立にいたる経緯とその原因についてアレントの分析が実証的にどこまで正確であったかという問題はあるが、いわゆる「ネップ」の時期に党や政府から相対的に自立した労働組合（これはいわゆる熟練労働者を担い手とする）ならびに農民層が形成され、これが農業集団化と工業化（大量の未熟練層の工業部門への投入）によって解体されるという経過はおおむねアレントの議論と照応している。ネップ期の農村については、奥田央『ソヴェト経済政策史――市場と営業』東京大学出版会、一九七九年、農業集団化からスターリン体制の形成については、渓内謙『スターリン政治体制の成立』（全四冊）、岩波書店、一九七〇―八六年、『現代社会主義の省察』岩波現代選書、一九七八年、ネップ期の労働組合の解体からスターリン体制にいたる過程については、アイザック・ドイッチャー『ソヴィエト労働組合史　一九〇〇―一九四九』労働組合運動史研究会訳、序章社、一九七四年、下斗米伸夫『ソビエト政治と労働組合――ネップ期政治史序説』東京大学出版会、一九八二年、塩川伸明『「社会主義国家」と労働者階級――ソヴェト企業における労働者統轄　一九二九―一九三三年』岩波書店、一九八四年、『スターリン体制下の労働者階級――ソヴェト労働者の構成と状態　一九二九―一九三三年』東京大学出版会、一九八五年などを参照。

3 Konrad Heiden, *Der Fuehrer: Hitler's Rise to Power*, translated by Ralph Manheim, Houghton Mifflin, Riverside Press, 1944.

4 全体主義が運動として展開していくための不可欠の手段がプロパガンダであり、その終着点はテロルである。「プロパガンダは『心理戦争』の不可欠の一部であるが、テロルはそれ以上のものである。テロルはその心理的目的が達成されたときでも全体主義体制によって行使され続ける。その本当の恐怖は完全に服従する住民を統治するときである。テロルの支配が完成されるところ、強制収容所のようなところではプロパガンダは完全に消滅する。それはナチ・ドイツでは禁止さえされた。プロパガンダはいいかえれば、非全体主義世界を扱う全体主義の一つの最も重要でありうる手段であるが、これとは反対に、テロルはその統治形式のまさに本質をなすのである」（p. 335／(3)六七―六八頁）。

5 第三部第一二章の英語版の表題「権力を握った全体主義」はドイツ語版では「全体的支配」となっていて、いずれも「体制」の語は使われていないことに注意する必要がある。政治体制の類型論の文脈で全体主義を位置づけるとすればどのように規定できるかについて検討したのがドイツ語版ならびに英語版第二版で付加された「イデオロギーとテロル」である。

6 スターリンの党書記長就任をアレントは一九二三年としているが、正確には一九二二年四月である。

7 ヒエラルヒーと「権威」とは相即不離である限りにおいて、全体主義は「権威」による支配とは異なる。この点についてはドイツ語版、英語版第二版で説明が付加されている（S. 640-641; 2nd ed., pp. 404-405／(3)一六七―一六八頁）。

8 ただし、全体主義がつくりだす権力と、後にアレントのいう人間の複数性を前提とする「権力」との関係については、ここではまだ論じられていない。古典的な体制論の文脈のなかで全体主義の体制とそれが生み出す権力の特質については、後に第一三章として加えられる「イデオロギーとテロル」で論じられることになる。そこでは全体主義の組織の権力が、組織という複数の人間の関係で生み出されるにもかかわらず、孤立した個人の動員によって成立するという点で真の政治的活動（そこから生まれる権力）とは異なることが示唆されている（S. 749／⑶二九六頁、2nd ed., pp. 466, 473／⑶三〇八、三一七頁）。関係性の中で生み出される権力というアレント特有の観念は、全体主義の動員された組織権力との対決の中で形成されたといえるだろう。

9　ただし、ナチズムとスターリニズムのそれぞれの場合に、背景にある人種思想と階級思想というイデオロギーの相違によってテロルの発動の仕方にも相違が出てくるように思われる。人種主義がユダヤ人をはじめとする敵対的な人間種族を共同体にとって本質的に異質な生き物、あるいは最終的にはたんなる「異物」であるがごとく「処分」するのに対して、スターリンの階級的テロルは——アレントが強調しているように個人の罪状ではなく特定のカテゴリーを対象とするという点でナチスのテロルと共通する側面をもちながらも——あくまでも敵対的階級とその内通者への「処罰」に重点を置いていたのもそこに理由があるように思われる。極端な対比で言えば、あたかも家畜や病原菌のように機械的に殺処分されるのがナチスの絶滅収容所の極限であるとすれば、犯してもいない罪状を拷問の末に自白させられて「階級敵」として、「革命万歳」と叫びながら——その限りでは政治犯として——銃殺されるのがソビエト全体主義のテロルの論理ということになるだろう。

　もとよりスターリンの下でのテロルはウクライナその他の諸民族へのテロル、民族浄化を伴うものであった。汎スラブ主義の種族的ナショナリズムの継承者としてロシアの全体主義を捉えるアレントの見方もこれと合致する。スターリンの虐殺を「ジェノサイド」とみなすかどうか——一九四八年一二月国連ジェノサイド条約の「人種的、宗教的あるいは社会的集合体に対する憎悪から」する絶滅という定義、あるいはgenos（人種、種族）に対する虐殺という「ジェノサイド」の語源に忠実な定義にスターリンの事例は当てはまらないのではないかという議論もある（ノーマン・M・ネイマーク『スターリンのジェノサイド』根岸隆夫訳、みすず書房、二〇一二年、第一章を参照）。これは単なる定義をめぐる対立ではなく、スターリンの虐殺をナチスやその他の集団的虐殺・殺人と同列に置くか、少なくとも比較の対象とするかをめぐる政治的対抗の文脈がその背景にある。

第五章

1 英語版初版の「結語」では、そうしたナチスの犯罪を裁くあらたな「人類」の出現について論じている。「この状況、一つの政治的統一体としての人類の出現は、ニュルンベルク裁判でジャクソン判事が表現した『人間性に対する犯罪』というあらたな概念をつくり出した。これは最初のかつ最も重要な国際法の観念である。しかしながら認めねばならないのは、この観念とともに国際法は、戦争と講和の際に主権国家の間の関係を規制する法と協定のみに関わるという現在の範囲を超えて、諸国民の上位に立つ法の領域に入るということである」。しかしながら他方では、人間の複数性こそが存在の条件である以上、一つの政治的存在としての人類の権利としての人間の権利を保障するのもまた、そうした複数性、それを前提とした相互保障によるしかない。「人間性〔人道〕に対する一つの犯罪に対応するのは一つの人間の権利である。他のすべての権利と同様に、それはただ相互の合意と保証によってのみ存在しうる。市民の権利を超えながら——市民権への人間の権利（right of man to citizenship）でありながら——この権利はただ国際礼譲（the comity of nations）によってのみ保障されるのである。／権利の確立のための唯一の与えられた条件は人間の複数性である。権利はわれわれが地上に他の人間と共に住んでいるという理由から存在する。いかなる神聖な命令も、神のイメージに似せて人間が作られたということから引き出された命令も、いかなる自然法、人間の『自然』から引き出された命令も、地球上の新たな法の確立のためには不十分である。というのも権利は人間の複数性から生じてくるのであり、神聖な命令や自然法はただ一人の人間が存在するとしても真理であるだろうから」(pp. 436-437)。その意味においては、ナチスのような人道の罪を裁くための法的・司法的な制度上の問題、国家・民族その他の政治的単位の複数性と「人類一般」という政治的リアリティとの関係をどのようにするのか、という問題はこの「結語」では残されたままである。この問題については後の『イェルサレムのアイヒマン』（一九六三年）でさらに議論がなされることになる。

2　ドイツ語版では、全体主義的動員は本来の政治活動ではないと指摘されている（S. 749／(3)二九六頁）。

3　アレントは『全体主義の起源』初版の後に執筆していた講義草稿でモンテスキューの政治体制の分類と政治的な経験との関連について議論している。そこでは君主制と共和制は「卓越」と「平等」という複数の人間による政治活動の二つの基礎的経験に対応し、専制はそうした人間の共同性と政治活動を解体する「恐怖」に基づくとされる。その意味では本来の政治的活動の経験に基づくのは君主制と共和制である（ハンナ・アーレント『カール・マルクスと西欧政治思想の伝統』佐藤和夫編、アーレント研究会訳、大月書店、二〇〇二年、第二草稿、第三部、二〇二―二〇五頁）。なお、第一草稿では古代ギリシアの政治体制について、「新たなことをはじめる」という政治的経験が「王制」に、そして貴族制には「卓越」、民主制には「平等」が割り当てられている（同書、第一草稿、二七―二八頁）。

4　ドイツ語版では全体主義の基礎的経験としての「孤独（loneliness）」に「見捨てられていること（Verlassenheit）」という言葉があてられ、英語版の「独りでいること（solitude）」に当たる“Einsamkeit”（邦訳では「孤独」と訳されている）と対比されている。「単独でいることの中では私は決して独りではない。私は私自身とともにあり、そして身体的に他のものと交換不可能な特定者には決してなり得ないこの『自身』は同時にまた『各人（jederman）』でもある」（S. 751／(3)二九八頁）。人間が本当にものを考えるときには自分の中にもう一人の自己、内なる他者を抱えている。全体主義が依拠し、また作り出すのは原子化されバラバラにされて、そうした思考の前提そのものを破壊された「孤独」な大衆なのである。政治的・社会的な意味での「孤立」と思考の喪失としての「孤独」、そして思考の条件としての「独りでいること」としての「単独」の区別はその後のアレントの議論でも重要な位置を占めていくことになるが、訳書によって当てられる訳語が入れ違っている場合があるので注意が必要である。

5　『人間の条件』でアレントが試みる「人間の条件」の再建は、生と死の復権でもあった。

第六章

1　この「エピローグ」はもともと第二版が出版されるのと同じ年（一九五八年）の二月に雑誌論文として掲載されたものである（Hannah Arendt, “Totalitarian Imperialism: Reflections on the Hungarian Revolution”, *The Journal of Politics*, Vol. 20, No. 1, February 1958, pp. 5-43)。三分冊版（一九六七年）ならびに一九六六年の一冊本新版では削除されている（ただし、エピローグ付の版も引き続いて出されている。The World Publishing Company 版、第一二刷、一九七二年は Meridian の第二版をそのまま再版している）。三分冊版の第三部の序言では、いまだ全体主義への逆転の可能性がないとは断言できないとの留保をつけながらも、スターリンの死によって全体主義という「統治形態」は終わったと述べているが（*Totalitarianism: Part Three of The Origins of Totalitarianism*, Introduction, pp. xvi-xix（Harvest Book の一冊本では pp. xxxiv-xxxvii）／(3) xviii-xxiii 頁）、これが削除の理由なのか、あるいは衛星国の状況の変化、認識の変化によるものなのかは定かではない。

2　もとより『全体主義の起源』本論で論じた意味における「帝国主義」の概念がそのまま当てはまるとアレントは考えているわけではない。「われわれは概念上の理由からも歴史的な理由からも『帝国主義』の語を一九世紀最後の三分の一に始まりイギリスのインド支配の清算によって終わったヨーロッパの植民地拡大のためにとっておく方が好ましい」。だが、もしハンガリーでの革命に関わった人々が「自分たちが戦っている相手は帝国主義であるというならば、政治学はこの用語を受け入れねばならない」(p. 503)。実際に活動に関わっている人々の経験と、新たに進展しつつある現実に対して虚心に目を向けるべきだというのである（2nd ed., pp. 502-503)。

3　ただし、すでに注記したように、ヨーロッパの帝国主義とその支配装置としての「人種」の清算を問題にするのであれば、おそらくは南アフリカにおける「人種隔離」問題の解決までを射程に入れなければならないだろう。

あとがき

読まれざる古典ということがよく言われる。ただ、どちらかといえば専門研究者や評論家よりは一般読者にひろく読まれるものがある。『全体主義の起源』はそうした書物に入るだろう。ナチスの「最終解決」の衝撃、そして東西対立が核戦争の危険と背中合わせであった時期に出されたこの書物は、そうした時代の問題に正面から取り組んだ内容ゆえに、欧米ではかなり広い読者を獲得した。アレント自身、ドイツ・ヨーロッパを脱出するときにはまだアカデミックな地位を獲得しておらず、一九四一年にアメリカに渡っても当地でのアカデミズムの世界に入り込んでいなかった。合衆国の市民権を彼女が獲得したのは『全体主義の起源』初版が出された一九五一年になってからである――もっとも『起源』の成功が、アメリカの大学や学問世界とアレントの間に障壁をつくり出したということはあるだろうが。

ただし、わが国では『全体主義の起源』は文字通り読まれざる古典であった。すでにその名は知られていたものの、『起源』の翻訳が刊行されるのは（第三分冊の完結する）一九七四年であり、アレントが死去する一年前である。

そもそも日本では――シベリアに抑留された兵士など一部の人々を例外とすれば――「全体主義」と正面から向き合ったことがなかったということができるだろう。アレントも指摘しているように、ロシアの全体主義を問題にする際に「スターリン主義」という呼称を採用すること自体、すでにコミュニスト内部の路線対立・分派対立に問題を矮小化させる側面がある。戦後わが国の左翼・革新運動も内部の路線争い、派閥争いに自閉して、幸か不幸か本当の意味での全体主義の問題に向き合わずに済んだ。『全体主義の起源』の翻訳が出された一九七〇年代半ばには「反帝国主義」、「反スターリン主義」という言葉自体が矮小な党派の陳腐で空疎な標語に堕していた。ソビエト・ロシア史研究の内部でも、農業集団化からスターリン体制の確立にいたる時期については渓内謙氏の研究をはじめとする実証的研究の蓄積があるけれども、アレントのいう「全体主義」現象そのものと向き合った研究はほとんどない。むしろアレントのような「全体主義」論ははなから問題にならないか、フリードリヒらの「全体主義」論と一括りにして批判する、というのがソ連研究者の受けとめ方であり、それはいまでもそうである。

同じことは、ナチス研究についても言える。大学図書館にさえ最近の研究文献が満足に揃わないソ連研究・社会主義研究の凋落に比べて、ヒトラー関連本からはじまり「最終解決」についての欧米での研究の紹介に至るまで、ドイツ史関連・ヒトラー関連の文献リストが出されるほどに出回っているが、その中で、アレントが問いかけた「全体主義」の問題に正面から向き合った書物はどれだけあるだろうか。

もとより、「全体主義の危険は今もある」、「ヒトラーはあなたの隣にいるかもしれない」といった形でこの書の現代的意義を強調したいのでは毛頭ない。「歴史は繰り返す」、だから「同じ過ちを繰り返すな」というのがその際のおきまりの文句だが、その手の警告が有効だったためしはない。むしろ

「過ちを繰り返すな」というかたちで硬直した対応を取ったがために失敗したという例は多い。「全体主義」というかたちでアレントが問題にした現象は、すでにヒトラーのドイツとスターリンのロシアではその起こり方も、あり方も異なっていた——両者の相違やそれぞれの歴史的背景についても『起源』が多くを示唆していることを本書では明らかにしたつもりである——。「全体主義」のカテゴリーに当てはまる現象が、大量の人間集積としての「大衆《マス》」と、その自己破壊的運動というかたちで、かりにこれから起きるとしても、それはおそらくこれまでとは違った形をとるだろう。歴史であれ理論であれ、そこから安易な教訓や指針を出そうとすれば、手ひどいしっぺ返しを受けることになる。

とはいえ、かくいう筆者にとっても、アレントの『全体主義の起源』は、なかなか近寄りがたい書物であった。アレントの思想に関心をもち、『人間の条件』や『革命について』と——これらも、すぐには心を開いてくれない気難しい友人のような書物だが——取り組み始めたときにも、『起源』はそれらを読む手がかりとして、そこにいたる思考の径路を理解する上で避けて通ることのできない巨大な岩山のような存在であった。読んでいく過程も、楽しいとは言い切れないところがあって、途中で投げ出したくなることもしばしばであった。ようやくおぼろげに頂上が霞の向こうに浮かんできたところで、振り返って見るとこれまでの道筋がいくらかはっきりと見えてくる。そこまでの径路をまとめてみた。その意味では本書はアレントに取り組んだ最初の中間報告ということになる。

なお第一章には既発表の論文の一部を再構成して利用している。詳しくは『思想』（岩波書店）二〇一四年三月号、五月号に掲載の「イスラエルのハンナ・アレント」を参照していただきたい。そこでまだ十分に触れられなかった建国後のイスラエルとアレントの関係についてはあらためて検討する予定である。

講談社編集部の互盛央さんには大変お世話になった。「イスラエルのハンナ・アレント」を『思想』に掲載してくださったのが互さんであったが、今回も『全体主義の起源』のような大部の書物をまとめて検討する機会を与えていただいて、非常に感謝している。

二〇一五年四月一四日

牧野雅彦

1931年
5月11日　クレディット・アンシュタルト破産

1933年
1月30日　ヒトラー首相に

1934年
6月30日　ヒトラー、エルンスト・レームら突撃隊幹部を粛清（〜7月2日）

1935年
アレント、パリに滞在（〜1938年）

1936年
ソ連憲法、「大粛清」（〜1938年）

1937年
6月12日　ソ連、トハチェフスキーら赤軍指導部を秘密裁判で処刑

1938年
9月29日　ミュンヘン会談、ズデーテン地方の割譲を容認

1939年
2月7日　ロンドンでパレスチナ円卓会議（〜3月17日）
5月17日　英植民地相マクドナルド、パレスチナ白書を発表
8月23日　独ソ不可侵条約

1940年
6月　ナチス・ドイツ、フランス侵攻
6月22日　休戦協定

1941年
5月22日　ハンナ・アレント、ヨーロッパを脱出してニューヨークへ渡る
6月22日　ナチス・ドイツ、ソビエト・ロシアに侵攻。独ソ戦開始

1942年
6月28日　スターリングラード攻防戦（〜1943年2月2日）
7月22日〜　ゲットーから絶滅収容所への移送

1943年
4月19日　ワルシャワ・ゲットー蜂起（〜5月16日）

1945年
4月25日　サンフランシスコ連合国全体会議。50ヵ国が出席し、国連憲章に調印（〜6月26日）
4月30日　ヒトラー自殺

1947年
11月29日　国連総会、パレスチナ分割案を決議

1948年
5月15日　イスラエル建国

1949年
南アフリカ「人種間通婚禁止法」

1950年
南アフリカ「人口登録法」、「背徳法」。人種隔離政策の開始

1951年
2月　『全体主義の起源』初版刊行

1953年
3月5日　スターリン没

1955年
『全体主義の起源』ドイツ語版刊行

1956年
2月　ソビエト共産党第20回党大会、スターリン批判
10月　ハンガリー革命

1958年
『全体主義の起源』英語版第二版刊行

1889年

パナマ運河会社倒産

1890年

7月1日　英・独、ヘリゴランド＝ザンジバル条約

7月17日　セシル・ローズ、ケープ植民地首相（～1896年1月）

1892年

パナマ運河疑獄

1894年

10月　ユダヤ人将校ドレフュス、ドイツのスパイ容疑で逮捕

1895年

12月29日　ジェームソン侵攻事件（～1896年1月2日）

1898年

1月13日　エミール・ゾラ、ドレフュス擁護の論説「われ弾劾す」をクレマンソーの新聞『オロール』に掲載

1899年

10月11日　第二次ブーア戦争（～1902年5月31日）

1906年

7月　フランス破毀院、原判決を無効としてドレフュスの無罪を認める

10月14日　ハンナ・アレント生まれる

1917年

10月　英外相バルフォア、ライオネル・ロスチャイルドにシオニズム政策支持の書簡を送る（バルフォア宣言）

1919年

1月18日～　パリ講和会議

5月5日（ドイツへの講和条約案手交の2日前）　ポーランド等新設国家に関する委員会設立

6月28日　ドイツ、ヴェルサイユ条約に調印。同日、連合国とポーランドは少数者保護条項を含んだ条約を締結。同様の条項は、チェコスロヴァキア（9月10日）、ユーゴスラヴィア（12月5日）、ルーマニア（12月9日）、ギリシア（翌年8月10日）との諸条約、オーストリア（9月10日）、ブルガリア（11月27日）、ハンガリー（翌年6月4日）との講和条約に盛り込まれた

1921年

3月　ソビエト、市場原理の部分的導入による「新経済政策」

1922年

4月23日　スターリン、ロシア共産党書記長に

1923年

11月8日　ヒトラー、ミュンヘンで一揆を起こすが、鎮圧される

1924年

1月21日　レーニン没

1925年

10月24日　「ヨーロッパ・マイノリティ会議」（～26日）

1927年

12月2日　ロシア共産党第15回党大会、トロツキー、ジノヴィエフら合同反対派を除名

1928年

10月　ソビエト、第一次五ヵ年計画

1929年

10月24日　大恐慌の開始

1930年

1月　ソ連、農業集団化と階級としてのクラーク（富農）の根絶

1854年
イギリス、オレンジ自由国を承認

1855年
インド高等文官（Indian Civil Service）に競争試験導入

1857年
セポイの反乱（～1859年）

1858年
イギリス、インド統治法

1861年
アメリカ南北戦争（～1865年）

1866年
普墺戦争

1867年
南アフリカで最初のダイヤモンド発見

1868年
2月　第一次ディズレイリ内閣（～12月）

1869年
スエズ運河開通

1874年
2月　第二次ディズレイリ内閣（～1880年4月）

1875年
イギリス、スエズ運河会社の株式を取得

1876年
4月　国王称号法でヴィクトリア女王に「インド女帝」称号を与える

1877年
1月　女帝宣言
4月　イギリス、トランスヴァール共和国の併合を宣言

1878年
6月13日　ベルリン会議（～7月13日）。ロシア・トルコ戦争後の秩序について列強七ヵ国の交渉、（同年3月のサン・ステファノ条約を修正した）ベルリン条約では、独立が承認されたルーマニアを初めとして、ブルガリア、セルビア、モンテネグロ、オスマン帝国における宗教的自由と市民的、政治的権利についての保護規定が導入される

1880年
1月1日　レセップス、パナマ運河開鑿に着手
3月13日　セシル・ローズ、デ・ビアス鉱業会社設立
4月23日　グラッドストン第二次内閣（～1885年6月）
12月16日　第一次ブーア戦争（～1881年3月23日）。グラッドストン政府、女王の宗主権のもとで自治を承認。トランスヴァール共和国独立の回復

1882年
9月　イギリスのエジプト軍事占領

1883年
9月　クローマー、エジプト総領事に

1884年
アフリカ争奪戦（～1914年）
3月　セシル・ローズ、ケープ植民地蔵相に（～5月）
11月15日　ベルリン会議（～1885年2月26日）。ベルギー国王レオポルド二世のコンゴ植民地支配（コンゴ自由国）の承認。ヨーロッパ各国のアフリカ勢力圏、「実効的占領」に基づく植民地獲得の手続きを承認

1886年
トランスヴァール（ヴィットワーテルスランド）で金鉱発見（1898年頃には世界の金生産量の四分の一を占める）

年表

＊主に『全体主義の起源』の内容に関連する事項ならびにアレント関連のものに限定した。

1488年
バルトロメウ・ディアス、喜望峰に到達

1652年
オランダ東インド会社、ケープ・タウン建設

1765年
エドマンド・バーク、庶民院議員に

1769年
マイヤー・アムシェル・ロートシルト（ロスチャイルド）、ヘッセン＝ハーナウ宮廷御用商人となる

1775-76年
アメリカ独立革命

1788年
バーク、初代インド総督（1773年～）ヘイスティングス弾劾

1789年
フランス革命

1795年
イギリス、ケープ植民地占領

1800年
マイヤー・アムシェル三男ネイサン・ロスチャイルド、イギリス（マンチェスター）へ

1803年
ケープ植民地、オランダに返還

1804年
ネイサン、ロンドンに移住。ロンドン・ロスチャイルド家開く

1806年
イギリス、ケープ植民地再征服

1807年
イギリス、奴隷貿易禁止法
7月　プロイセン、フランスとティルジットの講和締結

1811年
マイヤー・アムシェル五男ヤコブ（ジェームズ）、パリ・ロスチャイルド家開く

1814年
ウィーン会議（～1815年）

1833年
イギリス、奴隷制度廃止法

1836年
ブーア人の「大移動」

1837年
6月　ヴィクトリア女王即位
7月　ディズレイリ、庶民員議員に

1840年
アヘン戦争（～1842年）

1852年
イギリス、トランスヴァール共和国を承認
12月　ルイ・ナポレオン、皇帝ナポレオン三世に。フランス第二帝政

1853年
10月　クリミア戦争（～1856年）

（1887-1934年）　突撃隊（SA）指導者。ヒトラーに粛清される。　182, 184, 239, 271

ローズ、セシル・ジョン（Cecil John Rhodes）（1853-1902年）　1870年に南アフリカに渡る。1880年デ・ビアス鉱山会社を設立、ケープ植民地議員。1884年ケープ植民地蔵相、1890-96年ケープ植民地首相。　117, 125, 272, 273

ロスチャイルド（ロートシルト）、ジェームズ（ヤコブ）（Jakob Mayer Rothschild）（1792-1868年）　マイヤー・アムシェルの五男。パリ・ロスチャイルド家創始者。　274

ロスチャイルド（ロートシルト）、ネイサン・マイヤー（Nathan Mayer Rothschild）（1777-1836年）　マイヤー・アムシェルの三男。ロンドン・ロスチャイルド家創始者。　48, 274

ロスチャイルド（ロートシルト）、マイヤー・アムシェル（Mayer Amschel Rothschild）（1744-1812年）　47, 48, 274

ロスチャイルド（ロートシルト）、ライオネル（Baron Lionel de Rothschild）（1808-79年）　ネイサンの長男。ロンドン・ロスチャイルド家二代目当主。スエズ運河買収資金をディズレイリに融資する。　250, 272

ローゼンベルク、アルフレート（Alfred Rosenberg）（1893-1946年）　1919年ドイツ労働者党入党。ミュンヘン一揆に参加、ヒトラーの逮捕・収監後、代理人を務める。政権掌握後1933年ナチス党外交政策局長となり、リッベントロップ事務局やノイラートの外務省と競合する。1940年フランクフルトにユダヤ人問題研究所を設立。　173, 190, 192

［ワ］

ワルデック＝ルソー、ピエール（Pierre Waldeck-Rousseau）（1846-1904年）　1899-1902年フランス急進社会党に社会主義者を加えた「共和国防衛」内閣の首班となる。　81

[ラ]

ライク・ラースロー(Rajk László)(1909-49年) 1946年ハンガリー内相、1949年外相。同年「チトー主義者」のスパイとして逮捕され死刑判決を受ける。 226

ラーテナウ、ヴァルター(Walther Rathenau)(1867-1922年) ユダヤ人実業家、ワイマール共和国外相としてソビエトとラパロ条約(1922年)を締結 49

リッベントロップ、ヨアヒム・フォン(Joachim von Ribbentrop)(1893-1946年) 第一次大戦前からワイン貿易商として活動。従軍により負傷の後、コンスタンチノープル大使館勤務、パリ講和会議に参加。1932年ナチス入党。ナチス政権掌握後は1933年「リッベントロップ事務所」を設立、ヒトラーの外交特使として外務省とは独自の外交活動を展開する。1938-45年外相。 191

リー、トリグブ(Trygve Halvdan Lie)(1896-1968年) オスロ生まれ。1911年ノルウェー労働党に入党。1935年法相。1941-46年亡命政府の外相。1945年サンフランシスコの連合国会議ノルウェー代表、国連初代事務総長。 38

ルエーガー、カール(Karl Lueger)(1844-1910年) 1891年キリスト教社会党を設立。反ユダヤ主義・反自由主義的な煽動を行う。1897-1910年ウィーン市長。 56

ルクセンブルク、ローザ(Rosa Luxemburg)(1871-1919年) ポーランド生まれのユダヤ系社会主義活動家。ドイツ社会民主党の左派として活動。 251, 252

ルーズベルト、フランクリン(Franklin Delano Roosevelt)(1882-1945年) 第32代合衆国大統領(1933-45年)。 36

ルナン、エルネスト(Ernest Renan)(1823-92年) フランスの宗教史家・思想家。『イエス伝』(1863年)。 138

ルーベ、エミール(Emile Loubet)(1838-1929年) フランス第三共和政大統領(1899-1906年)。 81

レセップス、フェルディナン・ド(Ferdinand de Lesseps)(1805-94年) 外交官として活動した後、1854年にスエズ運河開鑿に着手、1869年開通。1881年パナマ運河会社を設立するが、89年に破産。 72, 273

レーナック、ジャック・ド(Jacques de Reinach)(1840-92年) ドイツ系ユダヤ人銀行家。1871年に帰化しフランス市民権を獲得。パナマ運河疑獄事件に関与して自殺。 72, 73,

レーニン、ウラジーミル(Владúмир Ильúч Лéнин / Vladimir Il'ich Lenin)(1870-1924年) 145, 167, 196, 227, 251, 272

レーム、エルンスト(Ernst Röhm)

46年に英外務省調査局ハンガリー部門で活動。　257

マルヴィッツ、ルートヴィヒ・フォン（Ludwig von der Marwitz）（1777-1837年）　プロイセン軍人。1807年ナポレオンに対抗する義勇軍を組織。ナポレオン戦争の敗北の影響の下プロイセンで始められたシュタイン＝ハルデンベルクの改革に対する抵抗勢力となる。　52

マルクス、カール（Karl Marx）（1818-83年）　146, 167, 170, 216, 251, 252, 265

マレンコフ、ゲオルギー（Георгий Маленков / Georgy Malenkov）（1902-88年）　1919年赤軍将校、1920年共産党に入党。1939年党中央委員会書記。スターリン死後の権力闘争で失脚。　224

ミルナー、アルフレッド（Alfred Milner, 1st Viscount Milner）（1854-1925年）　1897年植民地相ジョセフ・チェンバレンによりケープ植民地長官に任命される。ブーア政府と対立、ブーア戦争を起こす。　253

ムッソリーニ、ベニート（Benito Mussolini）（1883-1945年）　社会主義者として活動を始めるが、第一次大戦開戦に伴い社会党の中立路線を批判して追放。1919年3月「戦闘ファッショ」結成。1921年「国民ファシスト党」結成。1922年ローマ進軍により首相に。1924年4月総選挙で連立与党が絶対多数を獲得。1925年議会で独裁権力執行を宣告し、事実上の独裁体制へ移行する。1929年ローマ教皇庁と和解。1937年国際連盟脱退。1940年6月英仏に宣戦布告。1943年7月国王から解任され逮捕され、バドリオ政権が成立する。ドイツによって救出されてナチス・ドイツ支配地域にファシスト政権を再建しようとするが、連合軍の進軍に伴い北イタリアでパルチザンに捕らえられ射殺される。　144, 170

毛沢東（1893-1976年）　227

モーラス、シャルル（Charles Maurras）（1868-1952年）　文芸批評家。ドレフュス事件では王党派として反ドレフュスの論陣を張る。1905年「アクシオン・フランセーズ」を設立。　131, 251

モンテスキュー、シャルル＝ルイ・ド（Charles-Louis de Montesquieu）（1689-1755年）　215, 216, 219, 241, 243, 265

［ヤ］

ヤスパース、カール（Karl Jaspers）（1883-1969年）　哲学者。ハイデルベルク大学教授時代にアレントを指導。アレント渡米後も思想的に交流。　18, 19, 26, 240-242

ヤング＝ブルーエル、エリザベス（Elisabeth Young-Bruehl）（1946-2011年）　239, 242

で辣腕をふるう。1938年スターリンの下で大粛清を遂行してきたエジョフに代わり内務人民委員部（GPUを吸収）の議長となり、エジョフを粛清。スターリン死後の指導権争いで失脚する。　224, 226

ベルナドッテ、フォルケ（Folke Bernadotte af Wisborg）（1895-1948年）　スウェーデン貴族、外交官。1944年スウェーデン赤十字副会長としてドイツと連合国の休戦交渉を仲介、またドイツとの捕虜交換でユダヤ人を含むおよそ1万5000人を強制収容所から救出。1945年5月20日国連のパレスチナ調停官に任命。9月17日ユダヤ人武装組織のメンバーによって暗殺される。　38

ペレール兄弟（ジャコブ・エミール・ペレール、イザーク・ペレール）（Jacob Emile Pereire（1800-75年）、Isaac Pereire（1806-80年））　ボルドー生まれのユダヤ人。1852年に債券発行による資金調達によって産業への長期信用供与を行う動産銀行（クレディ・モビリエ）を設立して、ロスチャイルドと対抗する。　73

ベンヤミン、ヴァルター（Walter Benjamin）（1892-1940年）　ベルリン生まれ。文芸批評家、哲学者。ナチス政権掌握後、逃亡途中のピレネー山中で自殺。　66

ボーダン、ジャン（Jean Bodin）（1530-96年）　243

ホッブズ、トマス（Thomas Hobbes）（1588-1679年）　89, 90, 95, 243, 252, 253

ホブソン、ジョン・アトキンソン（John Atkinson Hobson）（1858-1940年）『マンチェスター・ガーディアン』の通信員として第二次ブーア戦争の時期に南アフリカに渡る。『帝国主義論』（1902年）。　251, 252

［マ］

マキアヴェリ、ニッコロ（Niccolò Machiavelli）（1469-1527年）　243

マクドナルド、マルコム（Malcolm MacDonald）（1901-81年）　労働党最初の首相ラムゼイ・マクドナルド（Ramsay MacDonald）（1866-1937年）の息子。チェンバレン内閣の植民地相として1939年、10年以内のパレスチナ国家建設とユダヤ人移民の制限を約束した白書（マクドナルド白書）を公表。　36, 271

マッカーシー、メアリ（Mary McCarthy）（1912-89年）　小説家。『グループ』などの作品がある。アレントの親しい友人で、アレントの死後『精神の生活』の編集を担当した。1967年に南ベトナムのサイゴン、1968年北ベトナムのハノイを訪問している。　239

マッカートニー、カーライル・エイルマー（Carlile Aylmer MaCartney）（1895-1978年）　中東欧専門家。1936-

る。政権掌握後のヒトラー内閣で内相を務める。　190

フリードリヒ、カール・ヨアヒム（Carl Joachim Friedrich）（1901-84年）　ドイツ出身の政治学者。1936年からハーバード大学教授。　240

ブリュッヒャー、ハインリヒ（Heinrich Blücher）（1899-1970年）　ベルリンに生まれる。1917年に従軍。1918年の革命時にはベルリンで兵士評議会に参加。ローザ・ルクセンブルクらのスパルタクス団に加わり、1919年にドイツ共産党に入党。1928年反スターリン主義の反対派に加わる。ナチスの政権掌握とともにドイツから脱出、パリでアレントと結婚。ともにアメリカに渡る。1952年バード・カレッジで教鞭を執る。　239

フルシチョフ、ニキータ（Никита Хрущёв / Nikita Khrushchjov）（1894-1971年）　1918年共産党に入党。内戦時には赤軍で活動。1934年党中央委員。1938年ウクライナ共産党第一書記。ウクライナでの大粛清を遂行。第二次大戦中はスターリングラード戦に政治委員として参加。1953年のスターリンの死後、ベリヤ、マレンコフなどを退けて指導権を確立。1956年第20回党大会秘密報告でスターリン批判。　224, 225, 228-230

プルースト、マルセル（Marcel Proust）（1871-1922年）　作家。パリに生まれる。母親はユダヤ人。主著『失われた時を求めて』。　66, 67, 250

ブルーメンフェルト、クルト（Kurt Blumenfeld）（1884-1963年）　東プロイセンに生まれる。ベルリン、フライブルク、ケーニヒスベルクで法律学を学ぶ。学生時代からシオニストとして活動をはじめ、1909年ドイツ・シオニスト協会の書記、1911-14年世界シオニスト連盟の総書記として活動。1933年ドイツ・ユダヤ人の青年救援機関「青年アリヤー（Die Jugned-Aliyah）」の設立に関わる。パレスチナに居を移して活動する。　26

ヘイスティングス、ウォーレン（Warren Hastings）（1732-1818年）　1750年イギリス東インド会社書記。1772年ベンガル知事。1773年初代インド総督。1788年イギリス庶民院で弾劾される。　123, 274

ペータース、カール（Carl Peters）（1856-1918年）　1884年ドイツ植民協会を設立。東アフリカへ上陸。帰国後の1885年ドイツ東アフリカ会社を設立。ドイツの東アフリカ植民地政策を推進。　120

ベリヤ、ラヴレンチー（Лавре́нтий Бе́рия / Lavrentij Berija）（1899-1953年）　1919年共産党入党。1921年秘密警察チェーカーで活動。1922年チェーカーの後身GPUのグルジア支部長代理。1924年グルジア支部長として治安警察活動

政権掌握後、1934年プロイセン秘密警察（ゲシュタポ）の責任者、1936年全ドイツ警察長官となり秘密警察・警察機構を掌握。第二次大戦中、親衛隊はパルチザン・共産主義者の殲滅のための行動部隊、ユダヤ人等の強制・絶命収容所の組織の中心となる。　172, 173, 182, 190, 192, 224

ヒルファディング、ルドルフ（Rudolf Hilferding）（1877-1941年）　ウィーンのユダヤ人商人の家に生まれる。ドイツ社会民主党機関誌『前進』の編集に携わる。『金融資本論』（1910年）。1923年シュトレーゼマン大連合内閣で蔵相。　251

ヒンデンブルク、パウル・フォン（Paul von Hindenburg）（1847-1934年）　第一次大戦時、タンネンベルクの戦勝で国民的英雄になる。1916年には参謀本部総長。戦後第一回の大統領選挙で共和国大統領に就任（1925-33年）。　259

ファルンハーゲン、ラーエル（Rahel Varnhagen von Ense）（1771-1833年）　ベルリンにサロンを開き、ジャン・パウル、フリードリヒ・シュレーゲル、フリードリヒ・ゲンツ、ヴィルヘルム・フンボルトなどドイツ・ロマン派を中心とする文人、知識人、政治家を集めた。　26, 249

フェルスター、ベルンハルト（Bernhard Förster）（1843-89年）　ニーチェの妹エリーザベトの夫、反ユダヤ主義者。　116

ブライヒレーダー、ゲルゾーン・フォン（Gerson von Bleichröder）（1822-93年）　ユダヤ人銀行家、御用銀行家としてビスマルクに協力。　48, 49, 52, 73

プラトン（Platon）（BC427-347年）　243

ブーランヴィリエ、アンリ・ド（Henri de Boulainvilliers）（1658-1722年）『古代フランス統治の歴史（*Histoire de l'ancien gouvernement de la France*）』（1727年）。　98, 99, 101, 254

フランク、ヴァルター（Walter Frank）（1905-45年）　ミュンヘン大学で歴史学を学ぶ。ナチス運動に参加して、1935年に設立された「新たなドイツ史のための研究所（Reichsinstitut für Geschichte des neuen Deutschlands）」の所長となる。　192

ブリアン、アリスティード（Aristide Briand）（1862-1932年）　1925-32年仏外相。ドイツのシュトレーゼマン、イギリスのチェンバレンとともにヨーロッパ協調を推進。1929年にはヨーロッパ連邦を提起。　260

フリック、ヴィルヘルム（Wilhelm Frick）（1877-1946年）　バイエルン生まれ、ミュンヘンで政治警察畑で活動、極右に接近する。1923年警察治安部長に昇進、同時にナチス入党、ミュンヘン一揆に参加して15ヵ月の禁固刑判決を受ける。1924年選挙で国会議員とな

［ハ］

Stresemann）（1878-1929年）とともにロカルノ条約を締結し、ヨーロッパの協調と相対的安定を築く。1938年のミュンヘン会談でヒトラーに宥和政策をとったネヴィル・チェンバレン（Neville Chamberlain）（1869-1940年）は異母弟。　260

チトー、ヨシップ・ブロズ（Josip Broz Tito）（1892-1980年）　第二次大戦中、パルチザンの総司令官として対独抵抗を指導。戦後ユーゴスラビア社会主義連邦共和国首相・国防相、1953年より大統領。1948年スターリンと決裂してコミンフォルムより追放される。　226

チャカ王　→シャカ王

チャーチル、ウィンストン（Sir Winston Churchill）（1874-1965年）　1940-45年、1951-55年英首相。　127, 245

ディズレイリ、ベンジャミン（Benjamin Disraeli）（1804-81年）　1837年保守党庶民院議員。1852年ダービー内閣蔵相。1868年、1874-80年首相。　63-66, 72, 86, 105-107, 122, 248, 250, 273, 274

デ・キーウィト、C・W（Cornelis Willem de Kiewiet）（1902-86年）　オランダに生まれる。幼少時に南アフリカに移住。ロンドン大学で歴史学学位を取得の後、1929年アメリカに移住。アイオワ大学、コーネル大学でイギリス植民地史・南アフリカ史を研究。　254, 255

テーヌ、イポリット（Hippolyte Taine）（1828-93年）　フランスの文学史家、批評家。　138

トクヴィル、アレクシ・ド（Alexis de Tocqueville）（1805-59年）　241

ドリュモン、エドゥアール（Edouard Drumont）（1844-1917年）　ジャーナリスト、政治家。『ユダヤ人のフランス（*La France juive*）』（1886年）は反ユダヤ主義文献として広く流布した。　72, 251

トルーマン、ハリー・S（Harry S. Truman）（1884-1972年）　1945-53年第33代合衆国大統領。　36-38, 245

トロツキー、レフ（Лев Троцкий / Lev Trotsky）（1879-1940年）　1917年レーニンとともにロシア・ボリシェヴィキの権力奪取を指導。外務人民委員としてブレスト・リトフスクの対独講和を締結。軍事人民委員として赤軍の創設に尽力。レーニン死後の指導部内の権力闘争に敗北、1929年に国外追放。1936年メキシコに移住、1940年に殺害される。　184, 272

［ナ］

ナジ・イムレ（Nagy Imre）（1896-1958年）　スターリン死後の1953年6月ハンガリー首相に就任し、新路線を進めようとするがスターリン主義者と対立して55年に退陣。1956年10月ハンガリー革命の勃発で首相として復権。複数政党制

党を設立、マルクス主義的社会主義に対抗する一方、反ユダヤ主義的な煽動を行う。　52, 56, 132

シュトライヒャー、ユリウス（Julius Streicher）（1885-1946年）　1921年にナチス入党。1923年反ユダヤ主義『シュテュルマー（突撃兵）』誌を創刊し、過激な反ユダヤ主義煽動を推進した。　173

シュトラッサー、グレゴール（Gregor Strasser）（1892-1934年）　弟のオットーとともにいわゆるナチス左派の指導者として北西ドイツのナチスの組織・指導に尽力する。レーム事件で粛清される。　239

ジョレス、ジャン（Jean Jaurès）（1859-1914年）　フランスの政治家。1885年下院議員。中道左派の政治家として出発、後に社会主義者となる。ドレフュス事件ではドレフュスを擁護する。1902年フランス社会党を設立。クレマンソーらの急進社会党との「左翼ブロック」政権の下で「政教分離法」（1905年）が成立する。　78

スターリン、ヨシフ（Иосиф Сталин / Iosif Stalin）（1878-1953年）　レーニン死後のボリシェヴィキ指導部内の権力闘争に勝利して指導権を確立。1928年第一次五ヵ年計画を策定し、それまでの新経済政策から急速な工業化と農業集団化を推進。それに伴い食糧不足による深刻な飢饉（1932-33年）、さらに1934年以降「大粛清」により党幹部や軍指導部、一般党員や民衆、亡命中の外国人党員など膨大な犠牲を出している。犠牲者の数はナチスの「最終解決」の犠牲者と同様ないしそれ以上に議論がある。1932-33年の飢饉の犠牲者はウクライナを中心に500万人と言われ、これは意図的な「民族虐殺（ジェノサイド）」であったとされる。大粛清の犠牲者数についてはさらに異説が多いが、最盛期1937-38年に秘密警察NKVD（KGBの前身）により約150万人が「人民の敵」として逮捕され、約68万人が処刑、残りは収容所に送られたと言われる。　16, 17, 21, 23, 40, 129, 137, 141, 145, 167, 170, 180, 184, 189, 191, 194, 196, 198, 222-226, 228, 229, 233, 235, 239, 241, 261-263, 271, 272

ゾラ、エミール（Emile Zola）（1840-1902年）　小説家。ドレフュス事件では有名な公開状「われ弾劾す（J'accuse）」でドレフュスを擁護する。　70, 251, 272

［タ］

チェンバレン、ジョゼフ・オースティン（Sir Joseph Austen Chamberlain）（1863-1937年）　植民地相（1895-1903年）としてイギリスの帝国主義政策を推進したジョゼフ・チェンバレンの長男。1924-29年外相としてフランスのブリアン、ドイツのシュトレーゼマン（Gustav

ゴビノー、アルテュール・ド（Arthur de Gobineau）（1816-82年）　フランス第二帝政期に外交官として活動。『人種不平等論（*Essai sur l'inégalité des races humaines*）』（1853年）を執筆。　101, 107, 254

ゴムルカ、ヴワディスワフ（Władysław Gomułka）（1905-82年）　1943年ポーランド労働党書記長。戦後のポーランド暫定政権においてソ連の庇護の下に影響力を行使して共産党の一党支配に寄与するが、「右翼変更」を非難されて1948年に失脚し投獄される。1956年ポズナンで起きた労働者の反乱を契機に復権する。　226

コンラッド、ジョゼフ（Joseph Conrad）（1857-1924年）　ポーランドに生まれる。船員として各地を航海した後、1886年にイギリスに帰化。作家となる。『闇の奥』、『密偵』などの作品がある。　108, 113, 254

［サ］

シェーネラー、ゲオルク・フォン（Georg von Schönerer）（1842-1921年）　1871年オーストリア国会で自由主義者として活動をはじめるが、汎ドイツ（全ドイツ）主義的な民族主義者に転身。ドイツとの統一（合併）を主張してハプスブルク王室やカトリック教会とも対抗。彼の種族的（völkisch）な反ユダヤ主義はヒトラーに影響を与えた。　55-57, 136

シャカ（チャカ）王（Shaka［『起源』ではTchakaと表記］）（1787-1828年）　ズールー王国初代国王（在位1816-28年）。　255

ジャクソン、ロバート（Robert Jackson）（1892-1954年）　1945年ニュルンベルク裁判の主席検事。　264

ジューコフ、ゲオルギー（Георгий Жуков / Georgy Zhukov）（1896-1974年）　19歳で徴用され第一次大戦に従軍。十月革命に伴い共産党に入党。1939年ソビエト・モンゴル軍司令官としてノモンハン事件で手腕を発揮する。1941年独ソ戦開始に伴い、レニングラード軍管区司令官として同市を防衛。1942年最高司令官代理としてスターリングラード攻防戦を指揮、43年元帥に昇進。1945年4月にベルリン占領、ドイツ占領軍最高司令官となる。戦後左遷されるが、スターリン死後に復権、1955年国防大臣に就任、スターリン死後の集団指導体制の一角を占める。その後の党内闘争ではフルシチョフを支持して政治局員となるが、軍備・核兵器配備をめぐりフルシチョフと対立して指導部から排除される。　228

シュテッカー、アドルフ（Adolf Stoecker）（1835-1909年）　プロテスタント神学者。プロイセン国王・ドイツ皇帝ウィルヘルム二世の宮廷つき牧師。1878年キリスト教社会労働

帝国主義支配を正当化するものとされた。　122, 123, 126

ギュルトナー、フランツ（Franz Gürtner）（1881-1941年）　ワイマール共和政期の保守政党・国家人民党の政治家。共和政末期のパーペン、シュライヒャー内閣の法相を務め、ヒトラー内閣成立後も留任する。　190

クザ、アレクサンドル・ヨアン（Alexandru Ioan Cuza）（1820-73年）　ワラキア公ならびにモルダヴィア公（1859-62年）、後に両公国が統一されルーマニア公となる（1862-66年）。　248

グラッドストン、ウィリアム・エワート（William Ewart Gladstone）（1809-98年）　英国自由党の指導者。1868-74年、1880-85年、1886年、1892-94年首相。保守党のディズレイリとともに19世紀後半期イギリス議会政治の代表的指導者。　86, 273

クレマンソー、ジョルジュ（Georges Clemenceau）（1841-1929年）　フランス急進社会党指導者。第三共和政下、対独復讐を唱えて政府与党の植民地政策を攻撃。ドレフュス事件に際してドレフュス擁護の論陣を張る。第一次大戦時、1917年に政権に復帰して戦争指導を行い、パリ講和会議ではドイツに対する厳しい講和条件を主張した。　70, 71, 76, 78-82, 86, 249, 251, 272

クローマー卿（Evelyn Baring, 1st Earl of Cromer）（1841-1917年）　1872-76年インド総督ノースブルック卿の秘書としてインド統治に携わる。1883年9月エジプト総領事に就任。　86, 124, 125, 273

ゲッベルス、ヨーゼフ（Joseph Goebbels）（1897-1945年）　1924年、シュトラッサー兄弟とともに北西ドイツのナチス大管区で活動、その後ナチス左派から離れてヒトラーに協力する。1930年全国宣伝指導者としてナチスの宣伝を組織。政権掌握後は新設された宣伝相となる。　173

ゲーリング、ヘルマン（Hermann Göring）（1893-1946年）　第一次大戦では戦闘機パイロットとして活躍。1922年ナチス入党。1923年のミュンヘン一揆に参加。1932年ナチス党選挙での大躍進で国会議長になる。1933年のナチス政権掌握後、プロイセン総督となりプロイセンの秘密警察を組織するとともに、航空相として空軍を再建、1935年空軍総司令官、1938年には元帥となる。　173

ゴーシェン、ジョージ・ジョアキム（George Joachim Goschen）（1831-1907年）　1863年自由党の代議士。1886年アイルランド自治法案をめぐって自由党を離脱。1887年チャーチルの後任として保守党ソールズベリー内閣の蔵相となる（1887-92年）。　253

人名索引

［ア］

アイヒマン、アドルフ（Adolf Eichmann）（1906-62年）　ナチス親衛隊中佐。ユダヤ人の絶滅収容所への移送を指揮。戦後アルゼンチンに潜伏していたところをイスラエル秘密警察に逮捕され、1961年イスラエルの法廷により死刑判決を受ける。　192, 237, 248, 264

イエス　258

ヴァイツマン、ハイム・アズリエル（Chaim Azriel Weizmann）（1874-1952年）　旧ロシア帝国（ベラルーシ）に生まれる。ドイツ、スイスの大学で化学を学ぶ。1904年マンチェスター大学化学講師に。1917年イギリス・シオニスト連盟議長に。アーサー・バルフォアと協力して「バルフォア宣言」を獲得。1948年イスラエル初代大統領。　245

ヴァールブルク、マックス（Max Warburg）（1867-1946年）　ヴァールブルク銀行経営者。パリ講和会議の際に経済専門家としてドイツ側講和委員に協力。　247

ウィルソン、ウッドロー（Woodrow Wilson）（1856-1924年）　第28代合衆国大統領（1913-21年）。第一次大戦終結に際して国際連盟の設立を含めた「14箇条の講和原則」を提示して、パリ講和会議を主導する。　146, 259

ウェーバー、マックス（Max Weber）（1864-1920年）　ドイツの社会科学者。ヤスパースと親交を結ぶ。　242, 247

ヴォルテール（Voltaire ［François-Marie Arouet］）（1694-1778年）　138

エルツ、コルネリウス（Cornélius Herz）（1845-98年）　パナマ疑獄事件に関与。　72, 73, 251

［カ］

カノヴァン、マーガレット（Margaret Canovan）（1939年-）　240, 241

カロル一世（Carol I）（1839-1914年）　ドイツのホーエンツォレルン゠ジグマリンゲン家から統一ルーマニア公国の元首、後にルーマニア国王（1881-1914年）。　248

川崎修（1958年-）　240, 243, 252

カント、イマヌエル（Immanuel Kant）（1724-1804年）　26, 243

キプリング、ラドヤード（Rudyard Kipling）（1865-1936年）　インド生まれの作家。『ジャングル・ブック』、『少年キム』などの作品がある。第二次ブーア戦争の時期には南アフリカを度々訪問、セシル・ローズとも交流している。彼の詩「白人の責務（The White Man's Burden）」（1899年）は白人による

精《せい》読《どく》 アレント『全《ぜん》体《たい》主《しゅ》義《ぎ》の起《き》源《げん》』

二〇一五年 八月一〇日 第一刷発行
二〇二四年 四月一五日 第七刷発行

著者 牧《まき》野《の》雅《まさ》彦《ひこ》

発行者 森田浩章

発行所 株式会社 講談社
東京都文京区音羽二丁目一二—二一 〒一一二—八〇〇一
電話（編集）〇三—五三九五—三五一二
（販売）〇三—五三九五—五八一七
（業務）〇三—五三九五—三六一五

KODANSHA

装幀者 奥定泰之

本文データ制作 講談社デジタル製作

本文印刷 株式会社新藤慶昌堂

カバー・表紙印刷 半七写真印刷工業 株式会社

製本所 大口製本印刷 株式会社

定価はカバーに表示してあります。

落丁本・乱丁本は購入書店名を明記のうえ、小社業務あてにお送りください。送料小社負担にてお取り替えいたします。なお、この本についてのお問い合わせは、「選書メチエ」あてにお願いいたします。

ISBN978-4-06-258607-8 Printed in Japan N.D.C.101 286p 19cm

講談社選書メチエ　刊行の辞

書物からまったく離れて生きるのはむずかしいことです。百年ばかり昔、アンドレ・ジッドは自分にむかって「すべての書物を捨てるべし」と命じながら、パリからアフリカへ旅立ちました。旅の荷は軽くなかったようです。ひそかに書物をたずさえていたからでした。ジッドのように意地を張らず、書物とともに世界を旅して、いらなくなったら捨てていけばいいのではないでしょうか。

現代は、星の数ほどにも本の書き手が見あたります。読み手と書き手がこれほど近づきあっている時代はありません。きのうの読者が、一夜あければ著者となって、あらたな読者にめぐりあう。その読者のなかから、またあらたな著者が生まれるのです。この循環の過程で読書の質も変わっていきます。人は書き手になることで熟練の読み手になるものです。

選書メチエはこのような時代にふさわしい書物の刊行をめざしています。

フランス語でメチエは、経験によって身につく技術のことをいいます。道具を駆使しておこなう仕事のことでもあります。また、生活と直接に結びついた専門的な技能を指すこともあります。

いま地球の環境はますます複雑な変化を見せ、予測困難な状況が刻々あらわれています。

そのなかで、読者それぞれの「メチエ」を活かす一助として、本選書が役立つことを願っています。

一九九四年二月　野間佐和子